CE QUI NOUS ATTEND

GÉNÉRAL DOMINIQUE TRINQUAND

CE QUI NOUS ATTEND

L'effet papillon des conflits mondiaux

Robert Laffont

ISBN 978-2-221-27253-4
Dépôt légal : octobre 2023
Éditions Robert Laffont – 92, avenue de France, 75013 Paris
Cartographie : EdiCarto

Introduction

« Aucun plan ne résiste au premier coup de canon. »
Général Helmuth von Moltke

Toute ma vie de soldat, de diplomate, d'entrepreneur, j'ai voulu planifier, anticiper les changements, esquisser des alternatives. Tracer les lignes qui permettent d'avancer. La maxime du général von Moltke validée par l'expérience est si juste : à l'épreuve des faits, de la réalité du terrain, des réactions humaines, des aléas de l'existence, de ses turbulences, les scénarios anticipés peuvent se montrer aussi versatiles qu'évolutifs. C'est une des lois de la guerre : mieux vaut prévoir un maximum d'options pour agir avec souplesse, dès le premier coup de canon. Être en mesure de s'adapter, de faire évoluer le déroulé d'une opération : « la conduite », en jargon militaire, et ce afin d'atteindre l'objectif fixé : « l'état final recherché » – un changement de régime, la neutralisation de l'adversaire, l'annexion d'une terre, l'affaiblissement d'un ennemi…

L'opération russe en Ukraine et son évolution au fil des mois me conduisent à penser que Vladimir Poutine n'a pas suivi les principes du grand stratège allemand (se reporter à la carte 1 en annexe). Le président russe voulait renverser le pouvoir en place à l'issue d'une opération éclair pour mettre à la tête de l'Ukraine un affidé acquis à sa cause. C'était une répétition de l'opération réussie en Crimée en 2014. Mais depuis, l'Ukraine avait changé, et après l'échec de l'intervention initiale, Poutine a improvisé, tâtonné jusqu'à se retrouver empêtré dans un conflit au long cours, pouvant mettre son régime en danger.

L'histoire récente a maintes fois apporté la preuve que ces changements d'objectifs, en cours d'opération, se sont avérés préjudiciables pour les puissances parties en guerre. Sans parler du jeu de dominos géopolitique provoqué, bon gré ou mal gré. Comme les États-Unis avant elle, la Russie n'échappe pas à la règle. Cette crise majeure aux portes de l'Europe a généré un effet papillon qui a bouleversé les rapports de force au niveau international.

Des changements majeurs sont survenus à la fin du XXe siècle et au début du XXIe. Nous n'avons pas toujours pris le recul nécessaire pour les analyser et comprendre « le monde qui vient ». Puisse la guerre en cours être l'occasion de faire cette analyse alors que les cartes géostratégiques sont rebattues. Elle nous permettra peut-être d'anticiper pour construire. Fondée sur un demi-siècle d'expérience sur le terrain, dans les états-majors et les chancelleries à travers plusieurs crises, c'est l'objet de cette modeste contribution.

I

Les nouveaux rapports de force

1.

Un monde disparaît

Souvent, la guerre s'esquisse sur des cartes. Je les reçois tous les matins depuis un dispositif sécurisé de mon bureau de la représentation permanente de la France aux Nations unies, posé au 44e étage d'une tour vertigineuse, à New York. De ces fenêtres, on aperçoit le trou béant laissé par les Twin Towers frappées un an plus tôt. En ce début d'année 2003, j'y suis conseiller militaire. Ces cartes et les photos qui les accompagnent sont essentielles : elles ont le pouvoir de justifier un conflit alors que le monde retient son souffle. Les États-Unis soupçonnent l'Irak de développer un programme d'armes de destruction massive, et pourraient déclencher une intervention militaire contre le régime de Saddam Hussein s'ils parvenaient à le démontrer.

Tous les jours, la Direction du renseignement militaire (DRM) m'adresse les clichés en haute résolution capturés par des Mirage IV français déployés au Koweït. Ces avions, dotés d'objectifs à haute définition, immortalisent les images des sites suspectés. Mais aucun indice ne jaillit de ces survols, rien ne ressort de ces photographies. Nous n'avons pas la moindre preuve qu'un tel programme serait à l'œuvre en Irak… La France n'a pas peur d'entrer en guerre. Elle l'a fait aux côtés des États-Unis en Afghanistan, dans le sillage du 11 Septembre, pour neutraliser Ben Laden, l'architecte du terrible attentat contre le World Trade Center. Mais en 2003, le président Jacques Chirac veut une véritable raison d'ouvrir un nouveau front. Or notre propre renseignement militaire infirme les allégations des Américains… Ces informations sont stratégiques : elles peuvent changer le cours des relations entre les États-Unis et la France, si soudés jusqu'ici.

À l'orée du mois de février, toujours rien… Nos renseignements révèlent en revanche que l'Amérique de George Bush se déploie. L'ONU refuse d'accorder un blanc-seing aux États-Unis pour cette guerre. Le Conseil de sécurité animé par la France compte encore. Il est le théâtre d'une intense bataille diplomatique où notre pays tient tête aux États-Unis. Régulièrement, le ministre des Affaires étrangères, Dominique de Villepin, débarque à New York. Le représentant permanent de la France au Conseil de sécurité de l'ONU, Jean-Marc de La Sablière, part le retrouver au Four Seasons, où le ministre surgit tel un tourbillon. C'est dans cet hôtel qu'il se réunit avec ses conseillers. Là qu'il met la dernière main à un discours que l'histoire retiendra. Pour son panache, mais également pour le bouleversement qu'il amorce.

Le 14 février 2003, dans la salle du Conseil de sécurité des Nations unies, Dominique de Villepin prend la parole, lors d'une audience publique. J'observe son regard déterminé, je l'écoute marteler le refus catégorique de la France d'entrer en guerre. « Dans ce temple des Nations unies, nous sommes les gardiens d'un idéal, nous sommes les gardiens d'une conscience. La lourde responsabilité et l'immense honneur qui sont les nôtres doivent nous conduire à donner la priorité au désarmement dans la paix. Et c'est un vieux pays, la France, d'un vieux continent comme le mien, l'Europe, qui vous le dit aujourd'hui, qui a connu les guerres, l'occupation, la barbarie. Un pays qui n'oublie pas et qui sait tout ce qu'il doit aux combattants de la liberté venus d'Amérique et d'ailleurs. Et qui pourtant n'a cessé de se tenir debout face à l'histoire et devant les hommes. Fidèle à ses valeurs, il veut agir résolument avec tous les membres de la communauté internationale. Il croit en notre capacité à construire ensemble un monde meilleur. »

Ces mots suscitent un courroux immédiat de Colin Powell, chef du Département d'État. Parce que l'allié de toujours, la France, ne cautionne pas la guerre, évidemment. Mais aussi parce que le camp opposé à ce conflit se resserre autour de la France. L'unanimisme qui avait entouré l'entrée en guerre des États-Unis contre les talibans n'est plus. Une vague francophobe va même déferler outre-Atlantique. Par-delà les cartes pixélisées que je reçois dans mon bureau, un monde vient de vaciller...

Au lendemain de la Seconde Guerre mondiale, la suprématie des États-Unis est incontestable. Certes, c'est l'époque de la guerre froide et le duel avec la

Russie alors confondue avec l'Union des républiques socialistes soviétiques – voire le pacte de Varsovie – structure les oppositions interétatiques. Toutefois, malgré les échecs (comme au Vietnam), les fortes tensions (crise de Cuba), le monde presque en son entier se trouve sous la coupe du grand vainqueur. Une période faste s'ouvre pour cette toute jeune République, née en 1776. Pendant des décennies, la première puissance économique et militaire va rayonner sur la scène internationale, son modèle s'exporter. Ses prises de position sont, au choix, redoutées, écoutées, attendues ou suivies. Mais la toute-puissance de l'Amérique ne fait guère de doute. Celle-ci se confirme après la chute du mur de Berlin et l'effondrement de l'Empire soviétique. L'Amérique se croit alors seule à la tête du monde. Durant les années 1990, après quarante-cinq ans de confrontation entre l'Est et l'Ouest, d'équilibre de la terreur, il semble que la démocratie et le libre-échange ouvrent vers des lendemains qui chantent. On ne parle plus alors que de récolter les dividendes de la paix.

Le 11 septembre 2001 bouleverse cet optimisme. Quatre attentats suicides islamistes sont perpétrés ce jour-là aux États-Unis. Ils causent la mort de près de 3 000 personnes. L'attaque la plus spectaculaire vise le World Trade Center. Deux avions détournés par des terroristes s'encastrent dans les célèbres tours jumelles de Manhattan. Hautes de 415 mètres, elles s'effondrent en mondovision, laissant derrière elles un champ de ruines. Sous les yeux horrifiés de millions de téléspectateurs, le pays-continent subit une agression d'une ampleur inégalée, bientôt revendiquée par l'organisation djihadiste al-Qaida.

Le soir même, George W. Bush prend la parole, depuis la Maison-Blanche : « Ces actes meurtriers à grande échelle étaient destinés à effrayer notre nation en la plongeant dans le chaos et le repli... mais ils ont échoué. Notre pays est fort. Un grand peuple se lève pour défendre une grande nation. Les attentats terroristes peuvent secouer les fondations de nos immeubles les plus hauts mais ils ne peuvent pas ébranler les fondations de l'Amérique. » Pour ce qui a trait à sa force au plan géostratégique, l'histoire va lui donner tort. Le président américain ne le sait pas encore – sans doute ne peut-il pas le concevoir –, mais les conséquences de ce funeste 11 Septembre contribueront à une forme de délitement de son pays alors qu'il déclare la « guerre contre le terrorisme ».

Le monde entier, sonné par ces images sidérantes, compatit à la douleur des États-Unis. Le lendemain, la résolution 1368 du Conseil de sécurité des Nations unies est adoptée à l'unanimité. Ses membres s'engagent à lutter contre les menaces à la paix et à la sécurité internationale résultant d'actes de terrorisme et reconnaissent le droit de légitime défense individuelle et collective. Le texte est proposé par la France, par la voix de son représentant permanent au Conseil de sécurité de l'ONU, Jean-David Levitte. Paris et Washington avancent alors main dans la main. Dès le 18 septembre, le président Chirac est le premier chef d'État à se rendre à New York pour marquer la solidarité de la France auprès d'une Amérique meurtrie.

Un mois plus tard, l'administration Bush déclenche une opération militaire en Afghanistan. Ce pays, dirigé par les talibans, est désigné comme le siège opérationnel d'al-Qaida. Il abrite des camps d'entraînement de l'organisation terroriste, ainsi que son médiatique leader, Oussama Ben Laden. Les fondamentalistes qui dirigent alors le pays refusent de remettre aux autorités américaines les terroristes soupçonnés d'être responsables du 11 Septembre. Leur refus de coopérer entraîne l'invasion de l'Afghanistan, et le renversement du régime des talibans par une coalition emmenée par les forces américaines, épaulées par les armées britanniques et françaises notamment.

Personne ne conteste cette guerre. Pour la première fois depuis sa création, en 1949, l'OTAN invoque son article 5. Il édicte un principe de défense collective : lorsqu'une attaque est perpétrée contre un membre de l'Alliance transatlantique, elle est considérée comme une attaque dirigée contre tous. Une indiscutable unanimité entoure les États-Unis dans cette opération militaire et la longue traque de Ben Laden, qui sera finalement tué par les forces spéciales américaines en mai 2011 au Pakistan.

En attendant, les GI et leurs alliés mènent leur intervention en Afghanistan. Alors que les talibans se replient dans les montagnes, dès la fin de l'année 2001 un nouveau gouvernement est mis en place. Graduellement, l'intervention en Afghanistan passe d'une traque des terroristes à une opération d'instauration de la démocratie et d'une coalition de quelques pays à une opération de l'OTAN. Cette évolution – doublée de l'incapacité à définir un objectif réalisable – conduira à l'échec de cette guerre. Elle se solde par l'évacuation catastrophique de Kaboul à l'été 2021, lorsque les Américains quittent la capitale afghane dans la plus grande confusion… et par le retour des talibans vingt ans après leur départ.

Mais à l'époque, dans le sillage des prémices de cette expédition en Afghanistan, les États-Unis entendent poursuivre leur grande lutte contre le terrorisme. En janvier 2002, lors du rituel discours sur l'état de l'Union, George W. Bush utilise pour la première fois une drôle d'expression : « l'axe du mal ». Il s'agit de mettre au ban de la communauté internationale les pays désignés pour la menace sécuritaire qu'ils incarnent. Trois pays sont visés par ces mots : la Corée du Nord, l'Iran et l'Irak. Si le président américain propose une vision passablement manichéenne de la diplomatie, c'est qu'il cherche à préparer son opinion publique ainsi que le reste du monde à une entrée en guerre en Irak.

C'est le second impact militaire d'importance consécutif au 11 Septembre. Bien que le régime de Saddam Hussein n'ait pas participé à ces attaques, il est désigné par l'administration américaine comme un soutien actif du terrorisme international. Il détiendrait des armes de destruction massive... Aucune preuve ne permet pourtant de le démontrer. Moins de deux ans après avoir été soutenue par l'écrasante majorité de la communauté internationale, l'administration Bush s'engage dans une croisade qui soulève des doutes tant les motifs de la guerre qu'elle souhaite mener semblent troubles. La belle unanimité commence à se lézarder.

Le leadership américain va être remis en question par la voix de la France. Les deux pays sont alliés depuis près de deux cent cinquante ans, ils ont combattu côte à côte sur les mêmes théâtres de guerre. L'amitié entre Paris et Washington s'est tricotée sans tenir compte des débats politiques internes. Alors qu'au sortir de la Seconde Guerre mondiale la France n'est plus vraiment une grande puissance, elle reste un interlocuteur de premier choix en Europe pour les États-Unis.

L'année 2003 marque une césure, une opposition frontale entre les deux pays. Alors que les États-Unis entendent mener leur guerre contre celui qu'ils désignent comme le premier protagoniste de « l'axe du mal », la France cherche des motifs valables pour se lancer dans une intervention militaire. Elle déploie des moyens de renseignement (dont les Mirage IV) pour se faire une opinion. Or le renseignement militaire tricolore ne dispose pas d'éléments permettant de recouper les prétendues informations des Américains sur un hypothétique programme de fabrication d'armes de destruction massive en Irak. De façon générale, la volonté française de se faire une opinion avec des moyens autonomes agace hautement les Américains qui préfèrent de loin l'attitude passive des Britanniques. De part et d'autre de l'Atlantique, une crispation inédite s'installe.

L'opposition de la France à cette entrée en guerre est flamboyante. Le président Jacques Chirac craint qu'une intervention ne déstabilise la région. Dans une expression prémonitoire, il redoute qu'« une multitude de mini Ben Laden soit créée », comme s'il avait pressenti la possibilité de l'émergence de Daech. À New York, le discours que Dominique de Villepin prononce au Conseil de sécurité des Nations unies fait date : il est le premier à avoir été applaudi dans cette enceinte. Le ministre des Affaires étrangères ne se contente pas d'annoncer le refus de la France de s'engager militairement aux côtés de son allié de toujours, il remet en question la thèse de son homologue, Colin Powell, selon laquelle des armes de destruction massive seraient en Irak et qu'il existerait un lien entre le régime irakien et al-Qaida.

L'administration Bush est furieuse. Il n'empêche. Quelques semaines plus tard, la guerre d'Irak est déclenchée. Les États-Unis ont renoncé à obtenir un accord du Conseil de sécurité, où l'action de la France a réussi à semer le doute. Dans l'incertitude de réunir les neuf votes positifs pour faire passer une résolution, les Américains sont entrés en guerre en se passant de tout cadre juridique validé au niveau international, ce qui a dispensé la France d'opposer formellement le veto (réservé aux membres permanents) qu'elle avait clairement annoncé vouloir utiliser contre toute résolution de l'ONU autorisant la guerre contre l'Irak.

À Bagdad, le régime de Saddam Hussein est remplacé par un régime « plus démocratique », où la majorité chiite prend la place d'un pouvoir Baas largement sunnite.

Dommage diplomatique de cette intervention : la relation franco-américaine entre dans une période de turbulences. Les États-Unis s'opposent à toutes les nominations françaises dans les instances internationales. Une vague francophobe déferle sur le pays de l'Oncle Sam. Le sentiment antifrançais est tel que les *French fries* (nom donné aux frites en anglais) sont rebaptisées *freedom fries* (« frites de la liberté »). La rancœur à l'égard de l'allié français est d'autant plus forte que Paris prend la tête d'un « axe de la paix ». La Russie, la Chine et l'Allemagne sont pour des raisons diverses opposées à la manœuvre américaine, mais c'est bien la France qui endosse de fait le rôle de leader des opposants à cette guerre… et donc des opposants aux États-Unis. Dans les couloirs de l'ONU, le soutien est réel mais discret. Au sein du Conseil, le face-à-face est plus rude.

La remise en cause de la première puissance mondiale marque une nouvelle phase dans le processus de sa perte d'influence au sein de la communauté internationale. La remise en question de la parole des États-Unis entame sérieusement la confiance que lui accordaient ses partenaires. Une forme de défiance s'installe. Le monde entier semble être devenu méfiant à l'égard du vainqueur d'hier. Et le désordre qui s'installe au Moyen-Orient paraît justifier cette méfiance.

L'année 2014 voit ainsi surgir l'« État islamique », une organisation djihadiste qui revendique, au plus fort de sa conquête territoriale, un territoire grand comme la Grande-Bretagne, à cheval entre l'Irak et la Syrie. Les cadres de Daech sont pour la plupart issus du parti Baas jadis décimé par les Américains, quand ils n'ont pas été pris en main par le fondamentalisme dans des prisons irakiennes tenues par les GI.

L'essor de ce groupe et le trouble qu'il charrie révèlent à la fois l'échec de la lutte contre le terrorisme et l'incapacité à faire surgir une zone stable après dix ans de turbulences en Irak. Globalement, il s'agit de l'échec américain dans cette zone et de l'incapacité à avoir capitalisé sur l'unanimité qui avait fait suite au 11 Septembre.

L'opportunité qui était alors apparue de fédérer le monde autour des États-Unis pour poursuivre l'instauration de la démocratie et du droit partout fait place à un chaos généralisé. Le Proche-Orient est devenu une zone instable dans la durée et l'expédition en Afghanistan un tel échec que la prééminence du géant américain est durablement contestée.

Dans le monde des années 2000, l'instabilité devient une constante. Les interventions militaires américaines sont certes impressionnantes, mais les résultats sont loin d'être positifs. L'usage de cette force démesurée permet de gagner des batailles mais est loin de gagner la paix. Dans le silence réprobateur du monde qui observe ces interventions militaires, personne ne prête beaucoup d'attention à un discours du président Vladimir Poutine. Pourtant, c'est à Munich qu'en février 2007 le maître du Kremlin expose clairement ses intentions, et explique sans détour qu'il luttera contre l'unilatéralisme. Qu'au monde unipolaire dirigé par les Américains, il oppose le multilatéralisme et le potentiel des grandes économies émergentes, les BRICS (Brésil, Russie, Inde, Chine, Afrique du Sud).

L'hégémonie américaine est en pleine crise existentielle. Deux volte-face scellent coup sur coup la perte de crédibilité des États-Unis vis-à-vis de la communauté internationale.

En 2013, d'abord. En 2012 le président américain Barack Obama avait posé le cadre de la doctrine de la ligne rouge contre le régime de Bachar al-Assad : en cas d'utilisation d'armes chimiques, le président américain promettait au Syrien des représailles, « d'énormes conséquences », avait-il dit. Or en septembre 2013, des médias occidentaux font état de l'utilisation de gaz sarin en banlieue de Damas contre l'opposition syrienne. Le « massacre de la Ghouta » révulse l'opinion publique internationale. La ligne rouge est franchie. Le président français François Hollande accepte de mener une frappe conjointe avec les États-Unis pour punir le sanguinaire raïs de Damas. Barack Obama a donné son accord pour des frappes ciblées. Mais alors que les pilotes français ont déjà décollé de leurs bases, le versatile Américain fait volte-face. Il décide de solliciter l'avis du Congrès. Autrement dit, de ne pas frapper le régime syrien. Il est immédiatement suivi par le Premier ministre britannique. Dans leurs cockpits, les pilotes français reçoivent l'ordre d'annuler l'opération pour ne pas la mener seuls… Ce revirement passe pour une forme de faiblesse. D'autres événements vont venir confirmer cette tendance.

En 2014, ensuite. À la fin du mois de février, des soldats sans insigne prennent le contrôle de bâtiments officiels de Crimée. Les bases militaires ukrainiennes sont encerclées par ces mystérieux guerriers, sans opposer la moindre résistance. Sans doute jugent-ils inutile de se lancer dans une confrontation perdue d'avance contre l'armée russe. D'autant que la plupart des Slaves qui peuplent cette contrée (dont 60 % sont d'origine russe) ont accueilli en héros ces soldats venus en voisins dans un contexte des plus tourmentés pour l'Ukraine. L'art de la guerre, selon Sun Tzu, est de soumettre l'ennemi sans combattre. L'intelligence de la manœuvre russe conduit à l'annexion de la Crimée sans qu'un coup de feu soit tiré.

En réaction, l'Union européenne adopte des sanctions économiques contre la Russie. La communauté internationale condamne cette opération russe… et c'est à peu près tout. Américains et Britanniques sont pourtant censés être garants des frontières de l'Ukraine. En 1994, ils ont en effet signé les mémorandums de Budapest. La Russie s'engage alors à respecter les frontières de son ancienne République socialiste soviétique. En échange, l'Ukraine ratifie le traité de non-prolifération des armes nucléaires quand États-Unis et Royaume-Uni s'engagent pour faire respecter l'intégrité territoriale de ce pays. Au moment de l'invasion russe, l'Ukraine se réfère à ce texte pour faire respecter ses frontières, ainsi que leurs obligations aux autres signataires. Mais qui est prêt à déclencher une guerre pour une péninsule si lointaine ? Pour les Américains, le dommage est toutefois réel. Quelle confiance leur accorder désormais, s'ils ne respectent pas les traités qu'ils ont eux-mêmes fait signer ? Sur la scène internationale, le géant vacille.

L'action russe en Crimée en 2014 est-elle le résultat de la reculade américaine de 2013 en Syrie ? En tout cas, toute preuve de faiblesse du leadership américain semble inciter l'autocrate du Kremlin à faire preuve de fermeté. D'ailleurs en Syrie en 2015, comme pour faire pièce aux hésitations et erreurs des Occidentaux, la Russie s'engage fermement dès le mois de septembre en soutien de l'armée syrienne. Il s'agit de la première intervention russe en dehors des frontières de l'ancienne Union soviétique depuis l'Afghanistan de triste mémoire. Les actions essentiellement aériennes mais faisant également appel à des mercenaires (dont le groupe Wagner) rétablissent rapidement le gouvernement de Bachar al-Assad dans la « Syrie utile », cette petite partie du pays qui concentre, à l'ouest, l'essentiel de sa population et de son économie. L'engagement ferme de la Russie contraste avec les hésitations et erreurs américaines.

2.

La possibilité d'une guerre en Europe

La mémoire sait être précise lorsqu'elle a rendez-vous avec l'histoire. Au petit matin de ce 24 février 2022, je file sur l'autoroute vers la Bretagne pour quelques jours de vacances en famille. Soudain, à 6 heures, mon téléphone sonne. C'est pour le moins inattendu... Au bout du fil, une programmatrice de LCI m'informe en des termes très précis du début de l'invasion russe. Les premiers éléments qu'elle me communique sont suffisamment explicites. Les soldats de Vladimir Poutine ont franchi la frontière et sont entrés dans le Donbass. Ils menacent même Kiev, la capitale...

C'est un cauchemar. Je peine à y croire. Je pensais qu'une guerre de haute intensité n'était plus possible dans le monde contemporain. Que la guerre froide gagnée en 1990 nous ouvrait une ère de paix. Le maître du Kremlin a commis une folie. Un conflit sans doute meurtrier vient de commencer. C'est inimaginable... La voix de la programmatrice me sort de la sidération : « Est-ce que vous pouvez tout de suite réagir à l'antenne ? » Il faut expliquer aux téléspectateurs français ce qui est en train de se passer à quelque 2 000 kilomètres de notre pays.

Mon épouse prend le volant. Lors des cinq heures de trajet qui suivent, j'accorde quinze interviews sur dix chaînes de télévision et radio différentes. Les médias cherchent à comprendre cette invasion. Le changement irrémédiable que va entraîner cette violation de l'intégrité territoriale de l'Ukraine sur toutes les relations internationales. Il faut aussi décrypter d'un point de vue opérationnel la manœuvre militaire entamée par les Russes. Je passerai finalement ces quelques jours de congé en visioconférence, dans mon bureau, pour expliquer, vulgariser – au sens noble du terme – les enjeux de cette entrée en guerre.

Ce n'est pas la première fois que je me retrouve en situation d'expliquer les ressorts d'une intervention militaire à des profanes. Je l'ai fait dans le cadre de mes fonctions. À des diplomates, au grand public aussi. J'ai déjà l'expérience de l'analyse des affaires militaires à des non-militaires. Régulièrement, j'ai été sollicité pour raconter les interventions qui se déroulaient la plupart du temps sur des territoires lointains, en Afrique notamment, comme en Centrafrique, ou dans le Sahel, lors des opérations Serval puis Barkhane. À l'époque, on sentait que, pour la population française, l'intérêt se réveillait essentiellement lorsque des soldats français étaient tués sur ces théâtres compliqués. Les dangers qui menacent indirectement l'Union européenne captivent moins. Cette guerre se déroulait si loin de la France, dans un désert si reculé et aride. J'avais beaucoup de mal à sensibiliser mes interlocuteurs sur le fait que le Sahel pouvait devenir un califat. C'était pourtant le risque principal.

Le front qui s'ouvre aux portes de l'Europe produit un tout autre effet. Ses acteurs, ses victimes, son décor semblent plus familiers aux téléspectateurs. La possibilité qu'il déborde de l'Ukraine fait peur aussi. À l'heure des chaînes d'info et des réseaux sociaux, le besoin de comprendre, la fascination qu'exercent ces images soulèvent beaucoup d'attente et requièrent encore plus d'explications.

Il y a tant à dire et à raconter. Les Américains qui proposent au président ukrainien de l'exfiltrer dès le début du conflit... Mais Volodymyr Zelensky, cet ancien acteur que ses homologues ont largement sous-estimé, n'a pas l'intention de partir. Il endosse son costume de chef de guerre avec un courage et une détermination qu'on ne lui soupçonnait pas. La première victoire des Ukrainiens est que leur président soit resté, et résiste avec tant de vigueur. Il faut expliquer et commenter au jour le jour les mouvements des armées sur le terrain, décrypter leur tactique, évaluer leur stratégie, les prises de parole des représentants des belligérants. Le jeu des États qui soutiennent les uns plutôt que les autres. La manière dont ils le font. La communication de chacun. Les conséquences du conflit.

L'invasion russe en Ukraine s'invite dans ma vie professionnelle. Je suis désormais sollicité au quotidien pour mon expertise des relations internationales et ma connaissance de la chose militaire, voire plus largement pour mon expérience de la géostratégie.

En Ukraine, rien ne s'est passé comme prévu. Le 24 février 2022, lorsqu'il déclenche une « opération militaire spéciale », Vladimir Poutine ne cherche aucunement à engager son armée dans un conflit au long cours. C'est même l'inverse. Le président russe a un objectif aussi précis que concis : réaliser un coup d'État. Il souhaite changer le pouvoir dans ce pays qu'il trouve bien trop tourné vers l'Europe. L'homme qui a vécu comme une « catastrophe » l'effondrement de l'URSS en 1991 cherche à restaurer la grandeur passée de sa fédération. Surtout, il considère comme une menace pour son propre pays la perspective d'européanisation de l'Ukraine. Pour éviter ce scénario qu'il redoute plus que tout, le tsar de Moscou a besoin d'un gouvernement acquis à sa cause. Il entend traiter l'Ukraine comme l'ancienne colonie qu'elle fut. Face à ce pouvoir qui le considère trop peu à ses yeux, il a décidé de choisir un profil plus russophile. Mais avant, il faut changer le gouvernement à Kiev. L'intervention qu'il déclenche est fabriquée sur mesure, en vue d'atteindre cet objectif. Avec cette guerre conçue pour être éclair, il veut « simplement » ramener ce pays à l'état de province de l'Empire russe, comme cela a été le cas l'année précédente en Biélorussie lorsqu'il a soutenu le maintien au pouvoir du président Loukachenko.

Mais sur le terrain, le déroulement de l'intervention de 2022 présente plusieurs erreurs d'appréciation de la part des Russes. Les postulats qu'ils posent pour concevoir leurs plans politico-militaires sont au mieux approximatifs, au pire erronés. Tout d'abord, la perception que le pouvoir à Kiev n'est pas solide se révèle inexacte. C'est vrai, le président Volodymyr Zelensky est, à l'époque, assez bas dans les sondages. Qui peut croire que cet acteur, producteur, humoriste, dont l'élection a suscité tant de ricanements en 2019, sera capable d'endosser le costume de chef de guerre ? Qui peut croire que sa population se rangera comme un seul homme derrière ce chef d'État si inexpérimenté ? Pas grand monde… Ensuite, le Kremlin est convaincu que les Ukrainiens accueilleront les soldats russes comme des frères. Ne parlent-ils pas tous la même langue, eux qui considèrent que le russe est indissociable de l'identité nationale et culturelle de la Russie ? Enfin, « l'armée russe est invincible », pensent les artisans de cette « campagne express » à Moscou. Cette dernière certitude se heurte à la réalité de la corruption qui a provoqué tant de manques dans ces forces. Hérité du soviétisme, son système de commandement rigide ne parvient pas à réagir aux actions ukrainiennes avec la souplesse nécessaire. À l'origine de ces erreurs d'appréciation, tant de changements survenus en Ukraine depuis la première agression de 2014 à l'Est, dans le Donbass, ajoutée à l'annexion de la Crimée… Comment concevoir que ces mêmes Ukrainiens seront capables de tenir tête à l'armée russe et de riposter avec panache ?

L'objectif militaire de l'opération initiale confirme bel et bien les visées réelles du Kremlin. Il s'agit de saisir l'aéroport de Gostomel, à 10 kilomètres de Kiev, avant d'exercer une pression sur tous les axes autour de la capitale. L'opération héliportée avec des forces spéciales russes doit permettre d'occuper cet aérodrome stratégique. Les Russes comptent sur les pistes de Gostomel pour faire atterrir leurs gros-porteurs, afin qu'ils déversent d'importants effectifs de soldats, du matériel et des blindés pour stupéfier leurs adversaires et s'emparer de la capitale sans que les Ukrainiens n'opposent trop de résistance. Tout doit aller très vite. Une formalité, ou presque, sur le papier en tout cas…

Au sol, les Ukrainiens, bien renseignés – grâce aux informations en partie communiquées par le renseignement américain –, réagissent vite. Bien plus vite que les Russes n'ont voulu l'envisager. L'artillerie ukrainienne entre rapidement en action et inflige de lourdes pertes aux parachutistes russes de la 45e brigade Spetsnaz. Commandant des forces armées ukrainiennes, Valeri Zaloujny réalise rapidement l'urgence et le caractère crucial de la bataille qui se joue là, sur ces quelques kilomètres carrés en banlieue de la capitale. Il ordonne aux forces spéciales de l'artillerie, la percutante légion géorgienne de la 72e brigade mécanisée, ainsi qu'à la 4e brigade de réaction rapide (formée aux standards de l'OTAN) de venir en renfort. Qui sait ce qu'il serait advenu de l'Ukraine sans ce réflexe ? Quoi qu'il en soit, les Russes sont désormais contenus… et harcelés à leur tour. Les Ukrainiens réussissent – de justesse – à empêcher la prise de l'aéroport si stratégique.

Dans le ciel, les gros-porteurs qui attendent en hippodrome au-dessus de la piste avec l'espoir de déverser renforts humains et matériels pour mener cette intervention rapide n'ont d'autre option que de repartir vers la Biélorussie. Les pressions que les Russes tentent d'exercer autour de Kiev sont un échec, comme en attestent les colonnes de véhicules arrêtées pendant plusieurs jours par des actions de sabotage. Cette armée supposée invincible a désormais l'air si pataude… Son ire est terrible. L'incapacité à progresser et à prendre des ponts pour accéder à la capitale provoque des réactions sauvages de certaines unités russes qui martyrisent des civils au mépris de toutes les lois de la guerre. Comme à Boutcha, dans la région de Kiev, où meurtres de masse, exécutions sommaires, viols et actes de torture sont commis contre des civils ukrainiens. Les photographies des victimes scandalisent le monde entier en avril 2022.

Dans le Sud, en revanche, la progression des Russes est réelle. En particulier, le franchissement du Dniepr à Kherson par des troupes venant de Crimée se fait sans opposition réelle. De plus, à partir de la Crimée et du Donbass, la mer d'Azov est transformée en lac russe. La grande ville de Marioupol qui avait si bien résisté en 2014 est conquise après un martyre et une résistance héroïque de plus de deux mois.

Malgré ces succès partiels, la première phase de l'opération est un double échec pour la Russie. Échec d'appréciation, son « blitzkrieg » a tourné court, et échec opérationnel, puisqu'elle est désormais enlisée dans un conflit durable. Derrière la résistance de son président, l'armée ukrainienne, elle, a su s'opposer efficacement aux actions de son puissant adversaire et le contraindre à passer d'un coup d'État à une opération d'invasion. Il s'agit de la première victoire ukrainienne, une victoire reposant sur sa force de caractère, une confiance inébranlable en sa souveraineté et sa capacité à combattre. Il faut se rappeler qu'à l'aube de cette guerre, la première réaction américaine est de rapatrier son ambassade, ses conseillers, avant de proposer au président Zelensky de fuir, quitte à laisser ses quelque 42 millions de compatriotes entre les mains des Russes. Celui que la presse internationale croquait en clown l'impressionne désormais, elle qui loue son courage, son sang-froid, sa détermination. Au début de ce conflit, les Américains ne croient pas un instant en la capacité de résistance de l'Ukraine, ni en son dirigeant. Mais la population se range comme un seul homme derrière ce président qu'elle a plébiscité au second tour de la présidentielle de 2019 face au sortant Petro Porochenko (73,2 % des voix). Les Ukrainiens appliquent l'adage de Thucydide : « La force de la cité ne réside ni dans ses remparts, ni dans ses vaisseaux, mais dans le caractère de ses citoyens. » Or ils se montrent plus que déterminés, à l'image de leur chef. Tous les hommes en âge de combattre sont mobilisés. De nombreuses femmes décident de se joindre à eux. Quand elles ne sont pas sur le front, elles participent comme elles le peuvent à l'effort de guerre. Autre signe de cette volonté de combattre la Russie, dans ce pays où l'on s'exprime à la fois en ukrainien et en russe, où les russophones sont majoritaires, de nombreux habitants se mettent à réapprendre leur langue. Comme un acte de résistance, pour se délivrer du récit russe et de l'hégémonie linguistique de leur voisin.

Face à une telle vigueur, la première réaction du pouvoir russe aurait pu être d'acter son échec et de concentrer immédiatement ses efforts sur la consolidation de ses acquis en vue d'entamer une négociation. Le président Poutine décide au contraire de s'entêter. Ce faisant, il conduit ses soldats à se réorganiser pour une expédition qui n'était pas du tout anticipée. En effet, malgré le terme toujours employé d'« opération spéciale », l'armée russe entame alors une véritable opération de guerre. Ce changement de pied requiert un redéploiement de ses efforts. Ils vont se concentrer sur le Donbass et le Sud ukrainien en direction d'Odessa, ville portuaire au bord de la mer Noire. Cette opération nécessite une bascule des forces du Nord vers l'Est et le Sud en passant en partie par la Biélorussie. Bien que lente, cette bascule permet à l'armée russe de garder une certaine cohérence et de se renforcer là où elle a obtenu un succès.

En face, l'Ukraine prépare déjà sa réaction. Après avoir résisté, elle compte désormais attaquer. C'est d'abord l'offensive longuement annoncée vers Kherson. En effet, les Russes n'ont jamais pu déboucher vers Odessa qui est une clé sur la mer Noire, le poumon économique de l'Ukraine permettant les exportations. Maintenant, les Ukrainiens veulent rejeter les forces russes à l'est du Dniepr, ce grand fleuve qui coupe l'Ukraine du Nord au Sud pour se jeter dans la mer Noire. Six mois après le début de l'attaque russe, couvrant cette offensive du plus grand secret, les Ukrainiens, qui ont reculé sur une grande partie de l'Est et du Sud, passent à l'offensive dès le mois d'août vers Kherson. La reprise de cette ville est symbolique : elle est la seule capitale régionale ukrainienne que l'armée russe soit parvenue à conquérir depuis le début de l'invasion.

Alors que la progression est lente mais continue, une seconde attaque surprise est lancée le 6 septembre à 500 kilomètres de là dans la région de Kharkiv. En un peu moins d'un mois, les forces ukrainiennes parviennent à libérer 500 localités et 12 000 kilomètres carrés de territoire. Une partie des forces russes s'est débandée en abandonnant matériels et munitions.

Kherson sera quant à elle libérée le 11 novembre 2022 après un retrait ordonné des forces russes à l'est du Dniepr. La décision de ce retrait russe a fait l'objet d'un accord au plus haut niveau. Sa mise en œuvre de façon étonnamment ordonnée ne peut avoir été que le fruit d'une négociation entre les deux parties, les Russes préservant leurs forces et réorganisant leurs défenses derrière le Dniepr tandis que de leur côté les Ukrainiens économisent leurs forces pour préparer d'autres opérations. À l'heure de l'écriture de ces lignes, la deuxième offensive ukrainienne du début de l'été 2023 n'a pas encore atteint ses objectifs, mais, clairement, c'est maintenant la Russie qui est sur la défensive.

Que d'échecs encaissés par la deuxième armée du monde… Loin de l'intervention éclair dont le Kremlin rêvait, toutes ces opérations relèvent du déroulé d'une guerre classique, territoriale, voire coloniale. D'efforts économiques et de moyens militaires qui n'avaient pas été anticipés. Malgré tout, faisant fi de cette déroute, par-delà ce conflit, le maître du Kremlin poursuit une offensive plus stratégique. Rien – pas même ces revers – n'a entamé sa détermination à combattre une forme d'hégémonie occidentale qu'il abhorre. Il l'énonce clairement, sans circonvolution ni langue de bois, lors d'une prise de parole spectaculaire conçue comme un show autour de sa personne. L'homme qui préside aux destinées de la Russie depuis 1999 a choisi pour cette intervention la salle « Saint-Georges », la plus grande pièce d'apparat du Grand Palais, où les murs sont tapissés des noms des généraux russes qui ont vaincu Napoléon.

Le 30 septembre 2022, le discours de Vladimir Poutine relève du messianisme. Bien sûr, il déclare l'annexion à la Russie des quatre oblasts attaqués (et pas tous conquis). Surtout, il se lance dans une logorrhée violemment anti-occidentale. Le président endosse le rôle de grand défenseur de la société traditionaliste qu'il souhaite voir perdurer dans son pays, de ses valeurs morales et familiales. Sa diatribe pilonne le libéralisme des mœurs qui a cours dans « l'Occident global ». Il martèle son refus du wokisme, de la gestion des sociétés par des minorités (LGBTQIA+), de l'application de standards minoritaires (parent 1, parent 2). Par cette harangue, Vladimir Poutine cherche non seulement à réunir la société russe, à la souder autour de valeurs qui y font l'unanimité, mais il s'adresse aussi à d'autres pays où ces mêmes valeurs traditionnelles sont aussi capitales (en Inde, en Chine, ou encore en Afrique et au Moyen-Orient…). C'est également une manière d'attaquer la société occidentale où l'unanimité est loin d'être acquise autour de ces standards minoritaires transformés en loi. Ainsi, en exposant les motifs du rapport de force entre lui et cet autre monde, le conflit est élevé au niveau d'une guerre civilisationnelle. Sur le plan stratégique, il conforte à la fois la contestation du monde unilatéral dirigé par les Américains pour favoriser un monde multilatéral où la Russie jouerait les premiers rôles. C'est aussi une lutte contre la société prônée par les Occidentaux, sous l'impulsion des Américains, qui ont exporté leurs mouvements en Europe, influencent modes de vie et valeurs au sein du Vieux Continent. Le président russe semble murmurer à ceux pour qui ces changements ne sont pas évidents au sein de l'Union européenne : Pourquoi le monde entier devrait-il suivre les mouvements *woke* et autres *cancel culture*, tous issus d'une partie (minoritaire) de la société américaine ? De fait, les propos du Russe sont repris par des formations politiques européennes – souvent conservatrices ou souverainistes – qui contestent elles aussi les répercussions de l'activisme américain dans leurs propres sociétés.

Au passage, il met de l'huile sur le feu de débats loin d'être synonymes de cohésion dans les pays de l'Union européenne. Mais fragiliser ces adversaires dont il rejette les modes de vie n'embarrasse pas Vladimir Poutine, bien au contraire. Tous les moyens sont bons pour replacer son pays au centre du jeu international, y compris sur le plan du modèle des valeurs morales. Lucide, il se rend bien compte que la Russie n'est plus l'ennemi majeur des Américains, qui ont désormais le regard braqué vers le Pacifique, et ce n'est pas cette campagne baroque menée en Ukraine qui risque de redorer l'image du plus vaste pays du monde aux yeux de ses pairs. En ouvrant un front si virulent face à l'Occident sur le champ civilisationnel, le président russe cherche à remettre la Russie au cœur des enjeux mondiaux. Il y parvient d'ailleurs, du moins en partie. Alors, au-delà de cette guerre européenne qui reste très européenne pour de nombreux pays, l'« opération spéciale » de Poutine provoque un effet papillon dont les répercussions se font sentir dans le monde entier.

3.

L'effet papillon

La campagne américaine en Irak a laissé des traces. Lors de mon retour à New York, en 2006, à l'occasion de la guerre au Liban, je peux mesurer le mal que la crise irakienne a provoqué. Une forme de distance semble s'être installée, une sorte d'éloignement se diffuse. De nombreux pays se sentent mal à l'aise vis-à-vis des valeurs occidentales qui voudraient s'imposer comme normatives. Après avoir passé deux ans à l'état-major des armées à Paris où j'ai pu travailler avec l'ensemble des pays européens sur des rapports bilatéraux, je reviens aux Nations unies comme général chargé de mettre en place une structure de commandement stratégique au sein du département de maintien de la paix. Les Européens ont décidé de déployer 12 000 hommes pour permettre le retrait des forces israéliennes et assurer une présence forte face au Hezbollah dans le Sud-Liban. Italiens, Espagnols et Français pensent pouvoir appliquer les critères de l'OTAN pour commander cette opération. Mais « l'ONU, c'est le monde », et ses 193 membres. Ce ne sont pas les 27 États-membres de l'Union européenne ni même les 30 Otaniens qui vont imposer leurs critères. Le général indien à la tête du bureau militaire de l'ONU rallie un groupe puissant aux Nations unies. Son nom : le NAM, pour *non aligned movement*, c'est-à-dire le « mouvement des non-alignés ». Étrangement, ce groupe, créé à l'origine pour marquer l'indépendance envers les États-Unis et l'Union soviétique pendant la guerre froide, a survécu à ce long conflit et à l'opposition entre les deux blocs. Il regroupe aujourd'hui 120 pays... soit deux tiers des sièges aux Nations unies. Surtout, il représente 60 % de la population mondiale. Ces NAM ne disposent toutefois pas d'un programme ou agenda particulier. En revanche, ils sont suffisamment puissants pour s'opposer. De fait, le refus des normes occidentales est un socle solide qui réunit des pays tellement divers par ailleurs. La guerre en Irak, et surtout l'échec de la façon dont les États-Unis veulent pacifier cette région, renforce leur position et les conforte dans leur volonté d'opposition. Ainsi, la cellule militaire stratégique censée commander l'opération au Liban se trouve neutralisée et disparaît rapidement par l'action concertée de ces 120 non-alignés. Cette leçon me sera très utile lors du travail effectué pour renforcer le bureau des affaires militaires de l'ONU après le changement de secrétaire général en 2007. Ce seront les NAM qu'il faudra d'abord convaincre pour modifier la structure. Désormais, ces États ont une voix, et ils comptent se faire entendre.

Si elle est rejetée par un grand nombre des pays non alignés, la guerre en Ukraine permet tout de même de compter les points et de redéfinir les rapports de force sur le plan géostratégique. À l'occasion du premier anniversaire de l'invasion russe, le 23 février 2023, le vote à l'assemblée générale offre la possibilité de le mesurer concrètement. Cette résolution non contraignante exige le retrait russe d'Ukraine. Une majorité écrasante de pays (73 %) condamne l'attitude de Vladimir Poutine. Mais c'est un autre élément du vote qui doit retenir l'attention : il est intéressant de relever l'abstention de 32 pays avec des poids lourds, très lourds même, comme l'Inde et la Chine, auxquels s'ajoutent 13 pays qui ne participent pas au vote, tandis que 6 États se rangent derrière la Russie (Biélorussie, Corée du Nord, Érythrée, Nicaragua, Mali et Syrie).

En 2003, la coalition emmenée par les États-Unis ne comportait qu'une trentaine de pays. Il peut aisément être extrapolé que dans un cas comme dans l'autre, une très large majorité de pays composant l'ONU s'oppose à l'usage de la force tel qu'il a été fait et par les États-Unis en Irak et par la Russie en Ukraine. Toutefois, cette réprobation de l'usage de la force ne reflète pas toutes les nuances d'oppositions ni les évolutions du monde depuis le début de ce siècle.

Lors de la guerre froide, les non-alignés cherchaient à se démarquer des deux grands de l'époque. De la même manière, aujourd'hui, de nombreux pays sont en train de questionner leur allégeance. D'ailleurs, aussi simpliste que cela puisse paraître, la compétition est ouverte. Le nombre de participants sur la scène internationale a également évolué, contribuant à bouleverser les équilibres. Au moment de la création de l'ONU, en 1945, 51 membres fondateurs ratifient le texte créant cette organisation internationale. Au fil du temps, entre les années 1960 et la fin de la colonisation, ce sont plus de 100 pays qui font partie de l'ONU, pour atteindre le nombre actuel de 193.

Au sommet de cette organisation, le Conseil de sécurité, organe exécutif dont la mission principale est de maintenir la paix et d'assurer la sécurité internationale. Il est composé de 15 membres, dont les 5 inamovibles permanents (Chine, États-Unis, France, Royaume-Uni, Russie). Seul changement de cette instance, le remplacement de Taïwan en 1971 par la Chine populaire pour le siège de la Chine, ainsi qu'en 1965 le passage de 11 membres à 15, dont 10 élus. Lors de la conférence de Bandung, puis en 1961, lors de la création formelle du mouvement des non-alignés, 29 pays indépendants se réunissent, faisant indirectement au sein de l'assemblée générale contrepoids au Conseil de sécurité, sans toutefois avoir un pouvoir de décision, mais ils jouent davantage sur l'influence.

Dans ce contexte d'accroissement du nombre de participants, les blocs ont de moins en moins de sens, et d'autant moins ces deux titans qui jusqu'ici structuraient les relations internationales autour d'eux. Le besoin d'un monde multipolaire se fait de plus en plus sentir, le présent chaos conduit à redéfinir les intérêts et la place de chacun dans le concert des nations.

Géant du monde d'hier, la Russie danse sur les ruines de sa grandeur passée. Il est des pays qui ne se voient pas faiblir. L'échec de son action en Ukraine marque à la fois la limite de l'usage de la force ainsi que les faiblesses de son économie.

Avec son outil militaire hérité de l'Empire soviétique, ce pays, qui croyait encore être une grande puissance, a perdu toute crédibilité en février 2022. À sa décharge, le Kremlin s'est laissé duper par de récents succès. L'annexion de la Crimée, en 2014, où l'adversaire s'est soumis sans combattre, mais aussi en Syrie, à partir de 2015, lorsque Vladimir Poutine décide de prêter main-forte à Bachar al-Assad pour mater le soulèvement qui secoue son pays. Pragmatique, le Russe n'hésite pas à épauler le sanguinaire raïs de Damas si son pays peut en tirer parti.

Or c'est en Syrie que se trouve l'unique installation navale de ravitaillement de la Russie en Méditerranée, sur le port de Tartous.

De ces deux semblants de réussite, de mauvaises leçons ont toutefois été tirées par la Russie. Elle a gagné en Crimée parce qu'il n'y a pas eu d'affrontement militaire. Si cette opération a été un succès, c'est principalement à cause de la faiblesse occidentale qui n'a pas souhaité riposter. En Syrie, sa contribution a essentiellement été de fournir un appui aérien à des forces au sol constituées de Syriens, d'Iraniens et de quelques mercenaires. Le tout sans prendre trop de risques pour ses avions de combat du fait de l'absence de menace antiaérienne, l'opposition à Bachar al-Assad ne disposant pas d'un tel arsenal. Sans s'embarrasser du détail opérationnel de ces deux « succès », le monde a continué de croire que la Russie était la deuxième puissance militaire… d'autant qu'elle-même s'est comportée comme si c'était toujours le cas.

L'épreuve des faits a dévoilé une tout autre vérité. La guerre en Ukraine révèle au grand jour la réalité et le déclassement militaire de la Russie. On connaissait les insuffisances de la logistique de l'armée russe, mais les images de véhicules en panne ou de soldats sans nourriture ont ajouté l'humiliation à la faiblesse. C'est surtout le commandement qui a démontré l'ampleur de ses lacunes. Les dérapages et exactions, l'incapacité à réagir rapidement, la rigidité des procédures, les guerres internes (entre l'armée et le groupe de mercenaires Wagner) sont les preuves d'un système archaïque qui ne prend pas en compte les évolutions récentes, qu'il s'agisse des mentalités des soldats ou encore des techniques. La montée en puissance du groupe Wagner et d'autres milices illustre même l'incapacité de l'armée à remplir son rôle.

Le champ militaire n'est pas le seul théâtre du déclassement russe. Dans le domaine économique, malgré des percées technologiques remarquables (missiles hypervéloces, satellites…) ainsi que des ressources colossales (minerais, pétrole, gaz…), la Russie ne sait pas profiter de ces dons de la nature et se montre incapable de développer son économie. Son PIB reste au niveau de celui de l'Espagne. Aujourd'hui, les mesures d'embargo mises en place en particulier par les États-Unis et l'Union européenne coupent la Russie d'un marché important. Ces sanctions la condamnent à négocier des contrats avec de gros clients (la Chine et l'Inde), mais ils ne concernent que des matières premières, sans la moindre perspective de développement de son industrie, puisque ses clients sont de gros exportateurs.

Par ailleurs, ses industries pétrolière et gazière étant fortement dépendantes pour l'extraction de technologies détenues par les Occidentaux – et singulièrement les Américains –, une baisse de production se fait sentir dans le sillage des sanctions infligées après l'invasion de l'Ukraine. Si l'économie russe a bénéficié au tout début de la guerre d'une montée des prix des hydrocarbures, ce ne fut qu'un effet à court terme. Sur le long terme, les produits se vendent moins cher, en moins grande quantité, et à un plus petit nombre de clients.

Un autre aspect des difficultés rencontrées par la Russie est sa situation démographique. Elle est éminemment critique, malgré une population de 146 millions d'habitants. La baisse de la natalité et l'accroissement de la mortalité amplifiée par les pertes dues à la guerre (plus de 180 000 Russes tués ou blessés après un an d'engagement, selon les estimations) font craindre des lendemains compliqués. Sans parler des départs de ces jeunes diplômés qui ont préféré partir sous d'autres latitudes pour fuir la mobilisation et le marasme né de l'invasion en Ukraine.

Il est un champ où la Russie s'illustre pourtant : celui de la défense des valeurs traditionnelles. Une sorte de paradoxe, après avoir été le chantre de l'idéologie communiste qui a fait vibrer une partie du monde au XXe siècle.

Travaillé par la propagande, le peuple russe garde en tête le souvenir dramatique de la période 1990-2000, quand son horizon a été détruit, avec une forte emprise de l'Occident. Désormais, la majorité considère que pour échapper à un tel sort, le président Vladimir Poutine est un recours. Cela correspond probablement aux fondamentaux d'une population qui n'a jamais connu la démocratie et accepte majoritairement un régime autocratique. Après le communisme, l'idéologie poutinienne liée à l'Église orthodoxe russe a l'avantage de proposer des certitudes. Il en résulte une forme d'enfermement de ce pays, avec la conviction, aux yeux des Russes, que le monde occidental leur en veut. Cet état d'esprit induit une bunkérisation de la société russe pour la rendre étanche aux influences étrangères. Le monde orthodoxe y contribue. De plus, le chaos créé à l'extérieur bénéficie à l'intérieur. Il consolide la société, la renforce face à l'adversité. La propagande surfe sur la capacité de souffrance et le sens du sacrifice du peuple russe, martelant à tout bout de champ le souvenir de la « grande guerre patriotique ». Ce chaos bénéficie aussi à l'extérieur. Vladimir Poutine a osé l'épreuve de force et, au-delà du drame des destructions et des morts, l'homme fort de Moscou contraint le monde à se poser des questions existentielles. La Russie utilise ce *soft power* pour rallier les pays qui veulent marquer leur opposition à l'Occident et ses valeurs, en Afrique, au Moyen-Orient, en Asie…

Certes, l'avenir de la Russie est peut-être celui d'une Corée du Nord, où la société est enfermée idéologiquement dans ses certitudes, bannie de toute interaction avec l'étranger. Ses ressources énergétiques lui permettent toutefois de mieux vivre malgré un développement économique limité non seulement par le rétrécissement de ses marchés mais aussi par la fuite de ses plus brillants cerveaux. Toutefois, le pire n'est jamais certain et un sursaut inattendu pourrait éclaircir ce sombre pronostic…

Loin, si loin de l'Ukraine, les États-Unis qui cherchaient à s'éloigner de l'Union européenne ont été ramenés à leur corps défendant sur le Vieux Continent. C'est un autre effet de cette guerre russo-ukrainienne. Depuis l'élection de Barack Obama, les Américains ont le regard tourné vers l'Asie. Or cette crise les contraint à revenir jouer leur rôle de protecteur auprès de l'Ukraine. Ils y consacrent des moyens militaires et financiers considérables, en partie par la volonté de se rattraper auprès de la communauté internationale après l'évacuation ratée de Kaboul en 2021. La guerre russe les oblige à réinvestir l'Europe. Dans le domaine militaire, évidemment, mais pas seulement. Washington met également en place un système satellitaire d'écoute et d'information au profit des Ukrainiens. Il s'agit de StarLink, société privée américaine, qui permet toute la communication du dispositif ukrainien.

Les Américains sont bel et bien de retour en Europe. Ils déploient des moyens militaires en Pologne et en Roumanie.

Silencieuse, la Chine profite de cette situation pour conforter son statut de grande puissance politico-diplomatique. Sa place géostratégique centrale apparaît dès lors comme une révélation. Ses courtisans sont désormais pléthore alors que, dans le même temps, le reste des alliances se délite. Ainsi, le Moyen-Orient se sent désormais complètement affranchi de l'influence américaine. C'est sous l'égide de l'empire du Milieu que sont même rassemblés les deux ennemis de toujours, l'Iran chiite et l'Arabie saoudite sunnite. En avril 2023, la Chine réussit un véritable tour de force en réunissant à Pékin les chefs de la diplomatie de ces deux puissances rivales, qui s'engagent à œuvrer ensemble à « la sécurité, la stabilité et la prospérité » au Moyen-Orient.

La Chine se trouve en pleine phase ascendante. Depuis 1949, elle a consacré son énergie à régler ses problèmes internes, en cherchant à devenir une grande puissance économique. Une fois ce statut acquis, elle aspire à devenir une grande puissance politique. Pour y parvenir, elle muscle ses outils militaires et diplomatiques. Cette volonté affleure de manière particulièrement vivace dans sa confrontation avec Taïwan en mer de Chine. Dans le domaine diplomatique, cette crise est l'occasion de se hisser au niveau des plus grands. Membre du Conseil de sécurité, Pékin peut enfin prendre une place qui correspond à sa nouvelle visibilité internationale.

La situation se tend sur ses flots disputés et hautement stratégiques où transite la moitié du tonnage du trafic maritime mondial, et un tiers de celui du pétrole.

Toutefois la Chine n'a pas fait la guerre depuis sa confrontation avec le Vietnam en 1979 et celle-ci s'est soldée par sa défaite. Certes, l'armée grandit, accroît de manière exponentielle ses moyens, passant de l'armée populaire à une armada titanesque. Un seul exemple : tous les quatre ans, la marine chinoise construit l'équivalent de la flotte française ! Début 2023, la Chine annonce encore une hausse de 7,2 % de son budget de la défense. Ses dépenses militaires s'élèvent ainsi à 211 milliards d'euros… C'est peu dire qu'elle croit beaucoup en ses investissements. Pour autant, elle manque cruellement d'expérience, un apport décisif qui ne peut s'acquérir à coups de yuans. Quant aux technologies de pointe qu'elle a développées, elles doivent encore faire leurs preuves sur le terrain. Consciente de cette lacune, la Chine observe avec attention ce qui se passe, en particulier en Ukraine.

Elle souhaiterait isoler Taïwan. Or, malgré les apparences, ce petit État insulaire est une cible très difficile, même pour l'empire du Milieu. C'est un objectif quasiment hors de portée militaire. Les ports chinois se trouvent à quelque 180 kilomètres de cette île. L'opération serait éminemment complexe à monter, d'autant que ses côtes sont rocheuses, avec des falaises. Sans parler du fait que la densité de missiles à Taïwan est la plus haute du monde… La seule option pour la Chine consiste à asphyxier cette île, à l'étouffer, en l'isolant.

Le contrôle de la mer est pourtant essentiel. C'est la raison pour laquelle la Chine a autant investi. Elle dispose de deux porte-avions et a hautement militarisé ces flots, au point de transformer une dizaine d'îlots en bases aériennes. Pour le reste du monde, et les États-Unis en particulier, la crainte est que l'empire du Milieu puisse, à terme, contrôler ou bloquer cette mer. Voilà pourquoi les Américains s'y déploient et montrent les muscles, eux qui peuvent compter sur près de onze porte-avions au sein de leurs forces marines. Cela explique aussi les accords que Washington a signés avec les Philippines pour être en mesure d'augmenter sa présence dans la région et continuer le bras de fer avec Pékin.

Il faut toutefois faire abstraction de la réalité du terrain pour comprendre la joute diplomatique qui se cristallise sur cette île. Elle constitue avant toute chose un point de friction avec la Chine dont les Américains se servent. Cette parcelle de terre sur laquelle vivent près de 24 millions d'habitants n'est pas vraiment un pays, mais une province qui n'est pas reconnue comme État par l'écrasante majorité des membres des Nations unies. D'ailleurs, Taïwan n'y a pas de siège, pas de voix. Ce confetti reste pourtant nécessaire au monde pour sa capacité à fabriquer des puces électroniques, puisque 70 à 75 % de la production mondiale en proviennent. Conscients de leur dépendance et de ce climat potentiellement belliqueux, les Américains ont décidé de relocaliser la fabrication de ces systèmes ultra-sophistiqués. Dans ce contexte, Taïwan vaut-elle d'ouvrir un nouveau front ? Côté chinois, où on a conscience des limites d'une opération militaire, fort de l'expérience russe en Ukraine, Pékin avance avec des trésors de prudence autour de cet îlot. Et considère comme un avantage le conflit russo-ukrainien. D'abord, d'un point de vue économique, les Russes en sont réduits à une forme de dépendance à leur égard. Ils sont obligés d'exporter leur gaz et leur pétrole à vil prix, aux conditions fixées par ce pays qui est devenu, de fait, leur principal client. Ensuite, dans la mesure où les États-Unis consacrent d'importants moyens à l'Ukraine, ils sont contraints de doser leurs efforts dans le Pacifique, où les Chinois peuvent se déployer…

Par-delà ce duel de titans qui se joue entre la Chine et les États-Unis, les Européens, conscients de la force que peut leur donner l'Union, profitent de ces crises pour se resserrer autour de cette Union patiemment (et laborieusement) bâtie depuis 1950. Les conflits sont d'excellents révélateurs de la lucidité des États comme de l'efficacité des organisations. L'Union européenne a toujours eu beaucoup de mal à prendre des décisions, et particulièrement pour ce qui a trait à la défense. Il régnait, en son sein, une forme d'idéologie pacifiste qui, alliée à la prééminence de l'OTAN dans le domaine de la defense, empêchait de penser défense. Seule la France poussait à une autonomie stratégique et à un effort de défense européen.

Mais dans le sillage de l'invasion russe en Ukraine, toutes les barrières sautent. Presque en un claquement de doigts, 5 milliards d'euros sont débloqués pour fournir de l'armement. Avec son programme de « Facilité européenne pour la paix », entre 2022 et 2023, l'Union mobilise même 3,6 milliards d'euros pour renforcer les forces armées ukrainiennes et protéger la population civile. En mars 2023, elle débloque 2 milliards d'euros pour acheter 1 million d'obus (européens, cela va sans dire). Subitement, ce qui a trait à la défense devient possible en Europe.

Jusqu'ici, elle avait toujours fait montre de son incapacité à assumer toute forme d'action collective, prudemment retranchée derrière le parapluie américain de l'OTAN, continuant de récolter les dividendes de la paix. Les pays d'Europe de l'Est avaient adhéré comme un seul homme à l'organisation transatlantique dans les années 1990. Depuis, se sentant protégés, ils n'avaient pas souhaité fournir d'efforts particuliers.

Le premier coup de semonce survient par la voix de Donald Trump. Ou plutôt sur son compte Twitter. En 2018, à la veille d'une rencontre entre membres de l'OTAN, le président américain se fend d'un message sur son réseau social préféré, histoire de donner le ton de ses retrouvailles entre alliés. « Les pays de l'OTAN doivent payer PLUS, les États-Unis doivent payer MOINS. Très injuste ! [*sic*] » Les Européens doivent mettre la main à la poche pour financer leur défense, leur intime l'ex-magnat de l'immobilier, en des termes peu diplomatiques. S'ils entendent le message, il n'a pas le goût de l'urgence.

Trois ans plus tard, avec cette guerre aux portes de l'Europe, les Vingt-Sept prennent la mesure du danger. Alors ils décident d'augmenter leurs efforts de défense, voire de les mutualiser sans le moindre atermoiement. Ainsi, à leur corps défendant, Donald Trump puis Vladimir Poutine ont contribué à mobiliser une capacité européenne militaire à long terme. Signe de ce virage impensable quelques années plus tôt – et qui a beaucoup fait jaser au sein de l'Union –, lorsque le chef de la diplomatie européenne Josep Borrell se rend en Ukraine pour déterminer les formes de l'aide de l'Union à ce pays à la peine, il est accompagné d'un militaire, un Français, l'amiral Bléjean, chef d'état-major de l'Union européenne. Les capacités européennes autonomes de défense sont renforcées de facto par cette crise.

Ce n'est pas le seul bénéfice collatéral de ce conflit pour l'Union européenne en termes de souveraineté. En imposant des sanctions à la Russie, elle s'est coupée de sa principale ressource énergétique. Cela la pousse à entamer deux révolutions : diversifier ses sources d'approvisionnement et faire sauter le veto contre le nucléaire. Avant la guerre, 55 % du gaz provenait de la Russie. Un an plus tard, ce n'est plus que 4 %. Que de changements fruits de l'assaut raté de l'aéroport de Gostomel… L'un des innombrables « effets papillon » de cette guerre en Ukraine.

II

La course des puissances

4.

Les mustangs marquent le pas

En cet été 2003, je croise dans une rue de New York la silhouette élancée de Sérgio Vieira de Mello. Ce brillant diplomate brésilien est apprécié à l'ONU, son expertise reconnue et louée. Certains vont jusqu'à murmurer qu'un jour, il sera secrétaire général des Nations unies. Il en a assurément l'étoffe. Nous avons fait connaissance à Sarajevo dix ans plus tôt. J'étais conseiller du général Cot, lui responsable civil de l'ONU en Bosnie-Herzégovine.

Au bord de l'East River, à Manhattan, alors que le hasard nous met face à face, le Brésilien vient d'être nommé chef de la mission onusienne en Irak. Même si elle n'a pas soutenu l'entrée en guerre des États-Unis contre le régime de Saddam Hussein faute de preuves, l'ONU semble décidée à passer l'éponge sur cette opération contestée des Américains. Cela ne va pas de soi...

Ensemble, nous discutons de cette position. « Maintenant, il faut passer à autre chose », me dit-il avant que l'on reprenne chacun le cours de nos vies. Lui s'apprête à quitter New York pour Bagdad. Je ne le reverrai plus.

Durant cette mission compliquée d'aide à la population irakienne, un camion bourré d'explosifs fait sauter le PC de l'ONU à Bagdad, le 19 août 2003. Sérgio Vieira de Mello est tué dans cet attentat suicide revendiqué par al-Qaida, par la voix d'Abou Moussab al-Zarqaoui.

Son décès est une tragédie. Il a dû profondément marquer Kofi Annan. Le secrétaire général des Nations unies avait envoyé le meilleur des Onusiens pour réparer les échecs américains. Et c'est l'ONU qui a finalement payé l'erreur américaine…

Au fil des ans, une forme de ressentiment se met à entourer les décisions des États-Unis et leurs conséquences. De la part de nombreux membres de l'organisation internationale, mais pas uniquement. Les principaux intéressés eux-mêmes semblent être en proie aux doutes.

En 2006, après deux ans à Paris, je reviens à New York. Là, changement de ton. Plus d'arrogance ni de morgue. Nos amis américains viennent nous voir en s'excusant presque. « Vous aviez raison », reconnaissent-ils sans ciller. Ma réponse : « Nous sommes vos vrais amis, c'est pourquoi nous vous disons la vérité pour éviter les erreurs. » Les faits nous ont donné raison de ne pas nous engager dans cette guerre dont, plus de vingt ans plus tard, Américains comme Européens paient encore les conséquences. Combien d'attentats sur le Vieux Continent sont commis par des groupes terroristes qui ont éclos dans les prisons américaines d'Irak ?

Quoi qu'il en soit, après 2003, les États-Unis vont traverser une phase de doutes et d'hésitations. À la période de l'hubris (Afghanistan, Irak) succède le reflux des forces pour les rapatrier sur le continent américain. Les politiques très différentes dirigées alternativement par les démocrates et les républicains (Bill Clinton, George W. Bush, Barack Obama, Donald Trump, Joe Biden) contribuent à la mauvaise lisibilité de la politique américaine. Très focalisé sur ce qui se passe dans son pays, l'électorat a du mal à s'intéresser au rôle de « gendarme du monde » que prétendent jouer les États-Unis. Il en résulte un mouvement de balancier des interventions et du repli qui est très dommageable. Malgré l'aventure de 2003, cela reste la première économie du monde, avec une force militaire incomparable. L'acceptation d'une puissance concurrente est difficile. Ce qui donne lieu, en 2019, dans les universités américaines, à la reprise du fameux « piège de Thucydide ». Il consiste à penser que cette concurrence ne peut déboucher que sur une guerre ! Peut-être une prophétie autoréalisatrice...

Le paradoxe a de quoi dérouter. Les États-Unis ont beau être la première puissance économique et militaire du monde, ce pays-continent ne parvient pas à enrayer son déclin dans le monde. Cet affaiblissement est lié à une série d'erreurs d'appréciations géostratégiques qui, outre les conséquences qu'elles ont eues pour l'Amérique, ont également affecté la stabilité des relations internationales. Que de faux pas… Après l'intervention de 2001 en Afghanistan, la décision de rester sur place pour tenter vainement d'y implanter une démocratie s'est soldée vingt ans plus tard par un échec calamiteux. L'opération de 2003, dont les Occidentaux continuent de faire les frais, en particulier depuis 2014 et l'arrivée du califat de l'« État islamique », se déroule encore, à l'heure d'écrire ces lignes.

Les États-Unis ont perturbé l'ordre mondial et ne savent plus comment le rétablir. Depuis, ils ne sont plus qu'en opposition. Des talibans, du califat… Malgré leur suprématie militaire évidente, des moyens incomparables, ils enregistrent déroute sur déroute, défaite sur défaite. Ils ont semé le trouble et l'insécurité partout où ils sont passés. En Irak et en Syrie, si l'« État islamique » n'est plus en mesure de revendiquer une quelconque souveraineté territoriale, l'organisation terroriste continue de jouer les perturbateurs dans tout le Moyen-Orient. Après vingt ans de campagne en Afghanistan, l'opération de retrait a tourné court, et les Américains ne peuvent se targuer d'aucun succès dans ce pays à nouveau dirigé (depuis août 2021) par les talibans. Quant au Sahel, leur contribution à l'intervention en Libye, pour démettre le dictateur Mouammar Kadhafi, est observée avec rancœur par nombre d'États africains qui tiennent les

Occidentaux pour responsables de la crise dans cette bande désertique qui s'étend de l'Atlantique à la mer Rouge.

Du point de vue géostratégique, toutes les interventions américaines sont un échec depuis 1965 : Vietnam, Afghanistan et Irak. Car même lorsque son objectif est atteint, comme en Irak, avec la chute du régime de Saddam Hussein, les États-Unis se montrent incapables de gagner la paix, et d'accepter les spécificités politiques et sociales des pays qu'ils frappent. Leur force ne suffit pas à rétablir l'ordre et la sécurité. Il est vrai que cet ordre existait du fait de la main très ferme de dictateurs, Mouammar Kadhafi en Libye et Saddam Hussein en Irak, peu en phase avec les valeurs promues en Occident. Mais une fois ces autocrates renversés, une forme d'instabilité et d'insécurité leur succède. Le désordre, en somme.

Comment l'expliquer, alors même que les décisions prises par Washington semblaient découler jusqu'ici d'une forme de pragmatisme ? Cette doctrine selon laquelle n'est vrai que ce qui fonctionne réellement semble avoir été jetée aux orties alors que les néoconservateurs s'emparent de la Maison-Blanche, en 2000, avec l'élection de George W. Bush. Ces derniers poursuivent une autre mission, avec une vision très arrêtée de la recomposition du monde qui s'amplifie avec le traumatisme du 11 Septembre.

Pour eux, il s'agit d'implanter la démocratie partout et, pour ce faire, d'avoir recours à la force militaire.

Mais on a beau être un titan militaire, économique, on ne peut imposer un système politique sans l'assentiment de la population. Les Américains auraient pu aider, soutenir, accompagner, mais pas prescrire la démocratie et l'instaurer à la place des intéressés. C'est la principale méprise des néoconservateurs qui n'ont pas compris qu'il valait mieux user de leur influence que de leur force pour obtenir des résultats plus probants.

Si l'on s'intéresse à la genèse de ce péché originel, il faut remonter au 11 Septembre, et, au-delà, se pencher sur le contexte de politique interne aux États-Unis. L'attentat contre le World Trade Center survient au début du premier mandat de George W. Bush. À l'époque, les sondages ne sont pas particulièrement riants pour le président américain dont l'élection a été très contestée. Sans doute n'était-il pas parti pour gagner un second mandat. Avec les néoconservateurs, il saisit l'occasion de cette attaque, ce choc ultraviolent qui traumatise littéralement ses compatriotes, pour souder son pays derrière un objectif commun : affronter « l'axe du mal », et porter le fer là où ils le jugeaient nécessaire.

La première opération se déroule donc en Afghanistan en 2001. Lancée dès le mois d'octobre, elle a pour objectif initial de tuer les terroristes à l'origine du 11 Septembre. Mais au fil des années, un dérapage progressif survient. Les Américains passent de la traque de Ben Laden à la volonté d'établir une démocratie sur ces terres si singulières, l'un des rares pays d'Asie à avoir toujours tenu tête aux puissances coloniales. Washington décide même en 2009 de solliciter l'OTAN… sauf que l'OTAN n'est pas un instrument destiné à enraciner la démocratie sur son passage, il s'agit d'une organisation militaire !

Deux ans après ce premier engagement, l'opération en Irak est déclenchée. C'est lors du discours sur l'état de l'Union, en janvier 2002, quatre mois après l'attaque sur le World Trade Center, alors que l'Amérique est traumatisée, que George W. Bush édicte cette doctrine manichéenne et nomme ses trois ennemis : la Corée du Nord, l'Iran, et l'Irak qui sera donc la première cible visée. Celle-ci sera reprise devant l'assemblée générale de l'ONU en septembre pour enclencher une lutte au Conseil de sécurité et une montée en puissance des forces.

Plus de vingt ans après, les résultats de cette politique sont consternants. La Corée du Nord, qui à l'époque ne disposait pas de la bombe atomique, est devenue une puissance nucléaire. L'Iran continue de son côté à agir en soutien du Hezbollah au Liban et contre Israël, au Yémen et avec les Russes dans leur guerre en Ukraine. De plus, la théocratie s'approche à grands pas de la possession de l'arme nucléaire. L'échec des Américains est remarquable et d'autant plus patent que ces guerres ont toutes été choisies par Washington. Il ne s'agit pas de conflits subis ou d'opérations d'opportunités. La Maison-Blanche a décidé d'ouvrir ces fronts qui ont chamboulé l'ordre du monde.

Dès lors, les guerres qui aspireront les États-Unis seront toutes subies. Les batailles dans lesquelles s'engagera la première puissance de la planète seront toutes contraintes. Pêle-mêle : la lutte contre le califat au Levant, le Sahel et l'intervention en Ukraine. Le seul objectif que les Américains auraient choisi sciemment est le conflit qui couve en mer de Chine, avec Taïwan.

Ces décapilotades ont nécessairement des conséquences sur la population américaine, dont le patriotisme va de pair avec un lien très fort à ses soldats. Au fil des ans, les morts en Afghanistan et en Irak conduisent inéluctablement les Américains à se replier sur eux-mêmes, et Washington à ne plus prétendre jouer ce rôle si contestable de gendarme du monde, avec le « succès » décrit.

Sur le plan intérieur, ils choisissent de se retrancher derrière leur splendide égoïsme. Subitement, dès 2013, ce qui se passe à l'extérieur de leurs frontières ne les intéresse plus. Au mois d'août de cette année-là, le président Obama décide de ne pas ordonner les frappes aériennes contre le régime syrien qui a utilisé l'arme chimique, malgré la menace annoncée plus tôt d'une « ligne rouge ». En 2016, alors qu'il est en campagne pour devenir le 45e président des États-Unis, Donald Trump a une position très tranchée sur cette question stratégique : « *Bring back our boys* », martèle le magnat de l'immobilier lors de ses meetings.

Ce message (simpliste) et cette vision (bornée) du rôle que doivent jouer les États-Unis sur la scène internationale expliquent en partie son succès. Sa position sur les forces armées n'en est pas moins déroutante : il développe un outil, accorde des moyens très importants à l'armée américaine pour, *in fine*, ne pas les employer. Cette composante de la suprématie américaine n'en est pas moins essentielle à ses yeux, elle doit être dissuasive. Elle le fascine, même. Ainsi, après avoir assisté au défilé du 14 Juillet à Paris, le milliardaire à la tête des États-Unis décide de copier la parade des Champs-Élysées pour la reproduire le 4 juillet, jour de l'Indépendance, à Washington, sans succès.

Ce déploiement de force est emblématique du paradoxe américain : l'armée est sa grande fierté, un instrument indissociable du sentiment de patriotisme… mais dont l'opinion préfère qu'elle ne soit pas déployée. Les pertes (importantes) encaissées sont particulièrement difficiles à digérer pour les Américains, qui sont encore marqués par le traumatisme du Vietnam, où les soldats étaient des appelés. Cela explique notamment l'ampleur du choc pour la population dans les années 1960 : avec ce système de recrutement contraint, les pertes blessaient toutes les couches de la population. Aujourd'hui, les militaires américains sont des volontaires. Toutefois, comme l'armée reste gigantesque, elle touche de très nombreux pans de la société. De plus, avec la garde nationale qui est souvent engagée en opération, ce sont des militaires à temps partiel qui, souvent, se sont engagés pour payer leurs études qui sont touchés.

Il est difficile de concevoir l'ampleur de ces forces. L'effort que cette puissance hégémonique consacre à son armée s'élève à 750 milliards d'euros par an (certaines estimations avancent même la somme de 800 milliards avec les opérations !). Soit près de quatre fois le budget de la Chine. La France, elle, après d'âpres négociations et au prix d'efforts colossaux, y consacre… 44 milliards en 2023.

Un exemple : la base de Norfolk, posée sur la côte Est, se trouve en Virginie. Il s'agit de la plus grande base aéronavale du monde. Quarante-sept Hawkeyes américains (des avions de guet) s'y entraînent alors que la France n'en dispose que de deux... L'US Navy compte, elle, onze porte-avions. Onze ! Aucun pays ne peut être comparé avec les Américains en matière de défense. La proportion des moyens qu'ils y consacrent ne peut pas être mise en balance avec celle d'autres armées.

Depuis l'attaque surprise de Pearl Harbour, menée en 1941 par les Japonais pour détruire la flotte américaine, les États-Unis ont eu à cœur de construire une armada gigantesque. Ils sont devenus les maîtres du monde en 1945, et ont continué à s'équiper pendant la guerre froide pour être en mesure de s'opposer aux Russes. Le 11 Septembre a été une nouvelle occasion de renforcer leur arsenal. L'armée est restée puissante, ses effectifs, importants, ont été entretenus eux aussi, au gré des déploiements en Afghanistan et en Irak. Sa doctrine édicte qu'elle doit être en capacité opérationnelle d'intervenir sur deux conflits en même temps. Un effort qu'aucune autre armée n'est capable de tenir, seule.

Mais une telle force militaire n'empêche pas le déclin. Qu'est-ce que la puissance ? Le critère économique suffit-il ? Est-il essentiellement culturel ?

L'*American way of life* (« l'art de vivre à l'américaine ») en est-il la clé de voûte ? Sans doute pas…

Le déclin américain réside principalement dans la volonté des États-Unis d'imposer au monde leur propre vision politique et leur foi en la démocratie. C'est cette aspiration messianique qui a conduit aux dérapages des objectifs militaires, aux ratés opérationnels et à un affaiblissement sur la scène internationale.

D'une certaine manière, la guerre en Ukraine, en ce qu'elle a permis à l'OTAN de ressusciter, marque une forme de sursaut des États-Unis, et la volonté de prouver au monde qu'ils demeurent une grande puissance. Sauf que leur démonstration de force indirecte n'émeut que le clan occidental, avec la Corée du Sud, le Japon, l'Australie, la Nouvelle-Zélande, et c'est à peu près tout. Conscient de ce déclin, Washington pense tout de même être en mesure de l'enrayer… Il y a beaucoup de chemin à faire, en particulier lorsque l'on s'attarde sur l'analyse du retrait d'Afghanistan.

Après vingt ans d'opérations dans ce pays enclavé, l'administration Trump négocie son retrait depuis Doha, capitale du Qatar, avec ces mêmes talibans que les Américains tentent de faire disparaître depuis 2001. Il va sans dire que le républicain ne s'embarrasse d'aucune espèce de consultation avec ses alliés, ni même avec les dirigeants que les Américains ont pourtant eux-mêmes placés à la tête de l'Afghanistan. Un accord est bricolé en direct avec les talibans... Or ces derniers ne respectent pas le calendrier prévu, accélèrent le processus et bousculent les Américains.

Les « boys » auraient dû quitter le pays depuis Mazâr-e Charîf, au nord. Ils sont contraints de partir de Kaboul, en donnant l'impression de s'enfuir à l'issue d'une mauvaise manœuvre. Autre élément pour expliquer cette retraite manquée : les dirigeants qui ont négocié le retrait ne sont pas ceux qui l'ont exécuté. Après le républicain Donald Trump, c'est le démocrate Joe Biden qui pilote le départ des « boys ».

Là encore, les loupés procèdent d'erreurs d'analyse des Américains. Il aurait fallu un gouvernement afghan légitime, crédible, et soutenu par Washington. Mais à l'heure de quitter le pays, le gouvernement local qui « dirige » l'Afghanistan a en réalité été mis en place par les États-Unis... qui le lâchent d'un coup. D'ailleurs, la plupart de ses membres ont déjà quitté leur pays natal quand le dernier appareil des US Forces décolle de Kaboul. Les Américains ont tourné la page. Au lieu d'effectuer un retrait en bon ordre, il est dispersé. Ces images rappellent l'évacuation de Saigon en 1975, lorsque les États-Unis quittent la capitale sud-vietnamienne dans une indescriptible pagaille. De la même manière, le départ de Kaboul respire la panique.

D'autre part, le prosélytisme culturel et politique des Américains s'est essentiellement concentré sur les zones urbaines, au premier rang desquelles Kaboul. Là, une élite s'est développée pendant vingt ans, et adopte avec enthousiasme l'*American way of life*. Les vallées reculées de l'Afghanistan ne sont pas touchées par cette conversion. Certes, les potentats de Kaboul s'y plient avec plaisir, mais c'est loin d'être le cas pour le reste du pays qui nourrit une image délétère de l'influence des Américains, abhorre leurs jeans, leurs mœurs et voit leur présence comme une occupation. Par ailleurs, la méconnaissance par les États-Unis des subtilités culturelles locales ne facilite rien. Il faut se rappeler qu'au début de l'intervention en Afghanistan, des interprètes arabes avaient été recrutés pour les « boys » dans ce pays où la population s'exprime majoritairement en dari ou en pachto…

Tant d'erreurs ont été commises. Vingt ans plus tôt, les Américains entendent chasser Ben Laden et les talibans. Si Ben Laden a bel et bien été tué par les Navy Seals (forces spéciales américaines) à Abbottabad, au Pakistan, le 2 mai 2011, le double objectif consistant à éradiquer les talibans et à greffer un système de gouvernance occidental s'est conclu par un double échec. En particulier parce que l'on n'importe pas la démocratie dans un pays qui n'en veut pas.

Les États-Unis se sont laissé abuser par une croyance en leur rôle messianique. Depuis longtemps, ils considèrent qu'il est de leur ressort de semer des graines démocratiques dans tous les pays du monde. Jusqu'à l'arrivée de Donald Trump, dont les slogans appellent à la restauration de la grandeur américaine… mais sur son propre sol. Le républicain n'a que faire du reste du monde, et ceux qui l'ont élu partagent pleinement cet avis.

Aussi séduisante soit-elle, la démocratie ne se placarde pas sur toutes les sociétés, dans tous les pays. Et quelle démocratie ? Les modèles français, américain, allemand, coréen n'ont rien à voir les uns avec les autres… La démocratie est un grand mot qui recouvre un système politique complexe avec des réalités très diverses. Quoi qu'il en soit, elle ne se duplique pas. Il a fallu deux siècles avant de parvenir à l'établir en France. La Ve République française n'est sans doute pas applicable ailleurs. Pour parvenir à sa Constitution, il aura fallu en passer par quatre autres républiques, deux monarchies et deux empires… Les sociétés ne se calquent pas les unes sur les autres, la place du citoyen n'y est pas la même. Une réalité difficile à envisager pour les Occidentaux en général, et les Américains en particulier, convaincus que leur régime politique serait si parfait qu'il faudrait impérativement l'instaurer partout ailleurs.

Les Français ont commis la même erreur au Mali. Alors qu'une colonne de djihadistes venue du Sahel fonce sur Bamako, le président François Hollande déclenche l'opération Serval, en janvier 2013. Grâce à l'aviation et aux forces spéciales tricolores, l'objectif est rapidement atteint, les terroristes arrêtés et neutralisés. Cela aurait dû être la fin de la campagne française au Mali. Or Paris a décidé de s'intéresser à l'établissement d'un État dans ce Sahel tourmenté, alors que l'État ne s'intéressait qu'à sa survie. Dès lors, l'opération diplomatico-militaire a tourné court. Dix ans plus tard, la faillite de l'État malien a conduit une junte dépendante de la Russie à prendre le pouvoir.

Il y a un autre danger à cette manière de procéder. La propension quasi systématique des Américains à vouloir imposer un mode de vie, une gouvernance partout dans le monde est un ressort extrêmement utile pour tous ceux qui souhaitent s'opposer à eux. Quant aux changements auxquels les sociétés aspirent, ils ne peuvent être impulsés que de l'intérieur, et les évolutions se font lentement.

Le messianisme des États-Unis est voué à l'échec. Son modèle ne fait pas rêver toutes les nations du monde, loin s'en faut. Par ailleurs, chaque État se construit en fonction de sa singularité. Qui peut imaginer que la démocratie pourrait être imposée à la Chine, à la Russie ? Faut-il seulement le souhaiter ? Sous l'influence des néoconservateurs, le péché d'orgueil des Américains a été de considérer qu'avec leur force militaire colossale, ils pourraient disséminer des greffons de démocratie sur tous les corps autoritaires du monde. Une politique dogmatique à l'opposé du pragmatisme habituel.

Malgré leur suprématie militaire incontestable, les États-Unis ont donc amorcé une phase de déclin géostratégique. Conscients de ce déclin, ils veulent se relancer en particulier du point de vue économique.

La dépendance vis-à-vis de la Chine est l'un des premiers facteurs auquel s'attaque l'Amérique pour arrêter son déclin. C'est là que les États-Unis veulent agir. La course au consumérisme a suscité une course aux prix les plus bas. Or la Chine y a trouvé un instrument de force puisqu'elle s'est constitué le marché du travail le plus compétitif de la planète. Progressivement, beaucoup de fabrications sont allées se faire en Chine. De nombreuses compagnies américaines se sont installées dans l'empire du Milieu, non pas selon leurs règles, mais selon celles des Chinois, avec des salariés locaux et une majorité chinoise. Peu à peu, l'économie américaine est devenue dépendante de la République populaire.

Cela explique le virage, la bascule d'intérêt qui s'est déportée vers les enjeux stratégiques du Pacifique dès l'administration Obama. Puis le bras de fer très âpre entre Donald Trump et Xi Jinping. Les États-Unis réalisent leur situation de dépendance, et décident d'adopter une attitude hostile vis-à-vis de Pékin. Sur le plan intérieur, pour faire régresser cette dépendance, ils amorcent également un virage de réindustrialisation. Le président Biden lance l'IRA (Inflation Reduction Act), un plan de subventions à hauteur de 400 milliards de dollars. C'est aussi le début de la tentative de reconquête dans le Pacifique où ils se servent de Taïwan comme d'un instrument de friction avec la Chine.

Sur le plan intérieur, aux États-Unis, une forme de radicalisation des oppositions se met en place. Aux yeux des républicains, les démocrates sont des communistes. Il est étonnant d'observer Donald Trump, menteur invétéré, soutenu contre vents et marées par ses supporters, mais pour beaucoup c'est un entrepreneur qui a réussi, donc à l'image de l'Amérique, sans se poser beaucoup de questions sur les bilans de ses sociétés.

Cette radicalisation est d'abord due à un phénomène intérieur. Sur les côtes Est et Ouest, les mouvements *woke* imposent leurs marqueurs au débat public… tout en étant violemment rejetés par la branche la plus conservatrice. Une partie de la population suit une évolution qui n'est pas acceptée par l'autre. Cette radicalisation se retrouve au sein des partis républicain et démocrate. L'alternance qui domine la vie politique conduit les deux principales formations à se durcir. Donald Trump en a beaucoup joué pour faire campagne.

Un autre phénomène est dû à l'impact des aventures américaines en Afghanistan et en Irak. Plus de 7 000 « boys » se sont fait tuer lors de ces guerres (2 400 en Afghanistan ; 4 600 en Irak). Il convient d'ajouter à cela au moins trois fois plus de blessés. Cela a un impact très fort dans l'opinion américaine.

Si les républicains sont très nationalistes et patriotes, ils plaident aussi pour le rapatriement des soldats dès lors qu'ils considèrent que leur intervention sur un théâtre de guerre se fait au détriment des forces armées. De fait, l'armée américaine n'a jamais été aussi sollicitée que sous les démocrates (comme en France sous la gauche). Côté républicain, le soutien est très fort, le budget généreux. Mais après l'aventure irakienne, il est destiné à protéger l'Amérique, pas à lancer des conquêtes sur des théâtres lointains. Quant aux démocrates, eux considèrent que le modèle dont ils portent le nom doit s'exporter. Alors que le dogmatisme des néoconservateurs provoque des interventions, la gestion des opérations échoit aux démocrates, qui ont toujours eu le souhait d'instaurer la démocratie.

Ces alternances et ces entreprises infructueuses d'instaurer des régimes politiques semblables à ceux des Occidentaux expliquent largement le déclin des Américains. Aussi puissant soit-il, leur outil militaire est en repli. Du fait de la provocation russe, avec l'Ukraine, ils ont la possibilité d'un redéploiement, d'une reconquête sans engagement direct. C'est une opportunité pour eux de marquer la fin de leur crépuscule, même s'ils ne peuvent convaincre que ceux qui sont déjà leurs alliés. Ailleurs dans le monde, les effets cumulés depuis 2001 continuent de jouer en leur défaveur. Le bilan est lourd pour les États-Unis : perte de confiance, perte de crédibilité, perte de légitimité, et, à l'évidence, perte d'influence.

Lucides, les Américains essaient pourtant de se relancer, comme en Afrique ou en Asie. Mais les concurrents sont de taille. Au-delà de gagner la confrontation indirecte contre la Russie, en Ukraine, les États-Unis doivent désormais tenter de reconquérir l'aura perdue lors de ces vingt dernières années en faisant un usage exagéré de leur puissance. « Gagner les cœurs », ce slogan souvent libellé dans les doctrines militaires, l'Amérique doit trouver la recette qui convient pour y parvenir. Une chorégraphie compliquée pour un tel géant (se reporter à la carte 2 en annexe).

5.

La Chine au grand galop

En 1996, je découvre la Chine à la faveur d'une visite familiale. Mon frère réside alors au sud de Shanghai, à Hangzhou. Cette sous-préfecture de province est connue par les Chinois pour être une ville de villégiature impériale. Mao en personne y a été exilé. « Il y a le paradis dans le ciel, il y a Hangzhou sur terre », vante même un dicton mandarin. Cette réputation provient du lac de l'Ouest, qui somnole en son centre, et aussi de ses femmes, les plus belles du pays, dit-on dans l'empire du Milieu.

L'expérience de cette nation en plein développement est captivante, presque irréelle parfois. Comme lorsqu'au petit matin, les haut-parleurs installés dans les rues se mettent à diffuser de la musique pour inciter les Chinois à faire de la gymnastique. Quelle vision ! Des personnes âgées dansant la valse à 5 heures du matin dans cette cité…

À l'époque, Hangzhou est une « petite » ville de 7 millions d'habitants. Pour se déplacer, il est indispensable d'être à vélo. Je suis le seul Blanc à circuler de la sorte au milieu de la nuée de cycles qui glissent sur ces routes gigantesques. Ma présence suscite une réaction étonnante de la part de mes camarades de la petite reine. Même les plus âgés qui se déplacent avec quarante paniers en osier lourdement chargés accélèrent lorsqu'ils m'aperçoivent. Pour eux, il est impensable qu'un « long-nez » les dépasse…

Au coin de la rue où je séjourne, se trouve un puits. Des habitants viennent s'y approvisionner en eau. Non loin, le lieu de rencontre d'autres habitants est un glacier. Une franchise venue des États-Unis : Häagen-Dazs. La célèbre marque de crème glacée née dans le Bronx en 1960 séduit les gourmands de cette paisible bourgade. Cet alliage est troublant. L'arrivée de la société de consommation occidentale mêlée aux vestiges de la Chine ancestrale…

Depuis ce voyage, le géant est passé des vélos aux voitures. Les centres urbains se sont développés de façon exponentielle. Des entreprises occidentales s'y sont implantées. Des immeubles sont sortis de terre. Et l'économie chinoise a décollé de manière spectaculaire.

J'ai l'occasion de le constater en octobre 2019, alors que j'effectue une escale à Pékin. Un nouvel aéroport vient d'être inauguré dans la capitale. Alors que je suis en transit, mon passeport est pourtant scanné par la police aux frontières. Mes mains, mon visage sont photographiés. Je sais alors que je viens de pénétrer dans la boîte de l'intelligence artificielle chinoise, où des milliards de données sont brassées. Cela me surprend. Il n'est pourtant pas question de s'offusquer ou de questionner cette façon de contrôler les passagers. En Chine, le gigantisme va de pair avec des modalités de contrôle plus strictes que celles pratiquées en

Occident, et un niveau d'acceptation différent de la part de la population. « On devrait gouverner un grand empire avec autant de simplicité que l'on fait cuire un petit poisson », dit-on dans ce pays de plus de 1 milliard d'habitants.

L'omnipotence de la Chine s'est bâtie patiemment, en deux temps (se reporter à la carte 3 en annexe).

D'abord, entre 1949 et 1980, à l'époque de Mao Zedong, c'est l'ère de l'idéologie. Le président de la République populaire impose à ses compatriotes le collectivisme communiste et la dictature du parti unique, en dupliquant – l'art de la copie, déjà – le modèle soviétique. L'empire du Milieu est alors tourné vers lui-même et plusieurs révolutions se succèdent.

Entre 1958 et 1960 est mis en œuvre le « Grand Bond en avant », une politique économique catastrophique destinée à stimuler en un temps record la production, l'élargissement des infrastructures industrielles et la réalisation de projets de travaux publics d'envergure qui donneront lieu à la « Grande Famine » et ses millions de morts. La « campagne des Cent Fleurs » qui lui succède est censée accorder plus de liberté d'expression à la population. Elle suscite également une explosion de contestations. C'est un piège qui permettra un certain nombre de purges. Le père du futur président Xi Jinping en est la victime, en 1962. Accusé de complot alors qu'il est chef du département de la propagande, il est arrêté et passera onze ans en détention.

Enfin, en 1966, débute la Révolution culturelle. Planifiée par Mao, elle vise à restaurer son autorité sur le parti communiste, après l'échec du Grand Bond en avant. Il s'agit de s'opposer à la routine bureaucratique du parti et aux nouvelles inégalités. Le concept de « révolution permanente » voit le jour. Les échos en viendront jusqu'en Europe. À nouveau, ce mouvement se solde par des millions de victimes…

Pendant trente ans, la Chine se bat contre elle-même, concentrée sur ce qu'il se passe à l'intérieur de ses frontières. Avec la fin de l'ère Mao, elle décide de développer son économie de façon plus pragmatique en utilisant sa force démographique pour sortir de la misère.

De 1980 jusqu'en 2019, une croissance à deux chiffres va transformer la Chine. Elle rejoint l'Organisation mondiale du commerce (OMC) en 2001 et s'ouvre aux échanges mondiaux. Elle est devenue « l'usine du monde ».

Soudain, en 2019 la pandémie de Covid-19 lui donne un coup d'arrêt. Les Chinois restent enfermés pendant cette période… et se verrouillent idéologiquement. Ils se retrouvent bloqués dans l'empire du Milieu. Dans le même temps, l'explosion économique de ce géant amorce son ralentissement alors que la Chine entame son déclin démographique. Il n'empêche, les affaires entre la Chine et le reste du monde sont toujours colossales : 800 milliards de dollars par an avec les États-Unis ; 600 milliards avec l'Union européenne ; 200 milliards avec la Russie. Ainsi vont les échanges commerciaux dans le pays de tous les superlatifs.

Après la période où elle s'est concentrée sur la consolidation de son empire intérieur, la Chine s'est ouverte sur le monde pour l'investir, à sa manière, sur le plan économique. Pragmatique, Pékin a conscience que pour parvenir à se hisser au rang des grands, il faut ajouter à la démographie une force économique à sa mesure. Mais son hégémonie doit aussi passer par la domination des relations internationales. Le régime cherche par tous les moyens à y jouer un rôle clé. Depuis la crise en Ukraine, l'empire du Milieu essaie de se placer sur le devant de la scène internationale comme un interlocuteur incontournable. Le développement de son outil militaire est le dernier aspect qui doit permettre à la Chine d'être une grande puissance, effaçant le « siècle des humiliations ».

« Lorsqu'il y a une innovation, les Américains en font un business. Les Chinois, une copie. Les Européens, quant à nous, nous en faisons un règlement. » La boutade vient d'Emma Marcegaglia, ancienne présidente de la Confindustria, le Medef italien. Difficile de lui donner tort... La manière d'envisager un marché et de considérer le fait de copier permet à elle seule de poser la différence d'état d'esprit entre l'Occident et l'Orient. À l'Ouest, l'individualisme valorise la création, favorise la singularité. En Chine, la copie est une forme de partage. L'esprit communautaire y est pour beaucoup, mais il existe aussi une explication culturelle. La calligraphie est ainsi l'art de « bien copier » les ancêtres. La duplication est à la base de l'enseignement chinois. Les élèves chinois apprennent à reproduire les nombreux caractères chinois des milliers de fois... Le système éducatif repose ainsi sur la réplication, et non l'inventivité.

C'est aussi le ressort de l'intelligence artificielle. Copier, puis multiplier, avant d'inventer sur la base de ce qui a été copié. Or les Chinois excellent dans cet art. Compte tenu de la masse critique de ce pays de plus de 1,4 milliard d'habitants, tout y est démultiplié de manière exponentielle.

Ainsi, les Chinois ont assuré leur développement en copiant le monde entier, et en assurant la production de ce que le monde entier attendait. Les coûts de production étant très faibles, ce pays a pu récupérer nombre d'industries occidentales pour fabriquer des biens à destination de l'Occident. En conséquence, les échanges ont bondi. La balance commerciale (c'est-à-dire la différence entre les exportations et les importations) est très inégale : ils importent des matières premières et exportent des produits transformés, à forte valeur ajoutée.

Pour maintenir sa compétitivité, Pékin a intensifié ses efforts afin de devenir une puissance en matière d'innovations. Avec un succès ébouriffant : en 2021, l'Office de la propriété intellectuelle de ce pays a reçu 1,59 million de demandes de brevet sur les 3,4 millions déposées au niveau mondial. Suivent les États-Unis, loin derrière, avec… 591 473 demandes. Soit trois fois plus que les Européens et leurs 188 778 demandes. Cette évolution du nombre de leurs brevets suggère qu'ils copient de moins en moins… et inventent de plus en plus. Le doute subsiste toutefois sur l'utilité de ces brevets car ceux-ci sont peu achetés et la Chine reste déficitaire sur le marché des brevets.

Cette hégémonie économique de la Chine entraîne aujourd'hui une divergence d'analyse stratégique de la part des États-Unis et des Européens. Alors que l'Union européenne considère avoir besoin de Pékin pour ses échanges et cherche à les favoriser, les États-Unis, de leur côté, essaient de se passer le plus possible de la République populaire.

La Chine, elle, fournit d'importants efforts pour maximiser ses échanges avec le reste du monde. C'est le sens du titanesque projet des « nouvelles routes de la soie », dévoilé en 2013 par Pékin. Il s'agit d'une vaste entreprise de construction d'infrastructures portuaires, ferroviaires, terrestres, notamment dans le bassin méditerranéen et en Afrique, destinée à s'approvisionner en matières premières et à distribuer les produits fabriqués au sein de « l'usine du monde ». Pour y parvenir, le gouvernement chinois en a fait l'une des priorités de sa diplomatie. Tant d'aires géographiques sont concernées : l'Europe, l'Afrique, mais aussi le Kazakhstan, la Russie, la Biélorussie…

Car l'une des difficultés du développement de la Chine est sa dépendance aux matières premières. Elle en est dépourvue, à l'exception des terres rares, ces métaux essentiels à la fabrication de produits de haute technologie, comme les batteries, écrans, téléphones portables, rotors d'éoliennes, etc. Pour le reste, l'empire du Milieu doit acheter à d'autres ses matières premières, d'où son intérêt pour l'Afrique notamment, et les nombreux marchés qui y sont passés.

Les nouvelles routes de la soie, financées au prix d'énormes investissements, doivent donc permettre d'importer ces précieuses matières premières indispensables à la fabrication puis à l'exportation des produits finis. En implantant des infrastructures dans 68 pays, Pékin crée autant de dépendances à son trafic, ainsi qu'un instrument de sa suprématie dans le monde. Sur terre, il n'y a en effet pas d'autre projet d'une telle ampleur. Par sa taille comme par le montant de ses investissements. La valeur cumulée des projets est supérieure à 4 000 milliards de dollars. Toutefois, après avoir dépensé 26 milliards en 2016, 2 milliards « seulement » y sont consacrés en 2018. La réalisation de l'essentiel des projets, la pandémie de Covid-19 et le ralentissement des échanges expliquent probablement l'origine de cette diminution.

Totalement centralisée, la Chine peut se permettre d'investir et de planifier les évolutions qu'elle souhaite impulser à son économie. La date de 2049 est souvent annoncée comme un objectif : elle correspond au centenaire de la création de la République populaire. Ce mode de gestion explique largement sa capacité à transformer de manière si spectaculaire ses forces armées.

À la fin des années 1940, l'armée populaire de Chine est une armée de masse. Celle qui a parcouru les 12 000 kilomètres de la « Longue Marche » où

Mao s'est imposé comme le chef des communistes chinois en 1934. À l'époque, cette armée est caractérisée pour être un instrument de propagande et de transformation de la société chinoise. Elle est réellement l'armée du peuple, forte de 5,5 millions de soldats (soit l'équivalent de toute la population de la Finlande). Après la conquête du pouvoir en 1949, ces forces militaires ont combattu en Corée (1950-1953) et aidé au Vietnam. Elles disposent d'importants bataillons. La force de cette armée réside dans sa masse. Ses chefs envoient des bataillons qui finissent par submerger l'ennemi du fait de leur nombre. Lors de la bataille de Diên Biên Phu, en Indochine, sur ce modèle, il est arrivé que les mitrailleuses des Français ne puissent plus tirer tant elles étaient obstruées par les corps de ces soldats, littéralement mués en chair à canon.

Toutefois, la dernière guerre à laquelle les Chinois participent est contre le Vietnam, en 1979, et ils la perdent. Depuis, ils n'ont pris part à aucun conflit militaire. Or c'était il y a plus de quarante ans… En 2023, aucun officier de la République populaire n'a donc fait la guerre, ni participé à quelque conflit militarisé que ce soit.

Du point de vue des effectifs, la Chine a entamé depuis les années 1990 une reconversion pour réduire le nombre de ses soldats et les professionnaliser.

En effet, avec un effectif potentiel de 20 millions (hommes et femmes) atteignant l'âge d'un service militaire chaque année, la modernisation n'était pas possible. Elle reste malgré tout l'armée la plus nombreuse au monde avec plus de 2 millions de militaires d'active, et plus de 800 000 réservistes. Ses ressources humaines lui permettent d'être le premier contributeur des membres permanents du Conseil de sécurité aux opérations de paix, même si le chiffre reste faible. Mais l'armée populaire de libération (APL) n'est pas seulement une force militaire, elle comprend aussi 15 000 entreprises. C'est également un outil de propagande important.

La modernisation de l'armée s'est concentrée sur ses capacités techniques. En même temps, cette réforme entamée en 2015 n'oublie pas de renforcer le contrôle politique. En effet, l'armée populaire de libération est un outil de protection non seulement des intérêts chinois mais aussi du parti communiste.

Le président Xi Jinping inclut dans son concept de « rêve chinois » une armée puissante. L'interarmisation a été une révolution importante dans l'organisation de l'APL. En particulier, la création de cinq zones de combat pour remplacer les sept régions militaires, avec à leur tête un commandement interarmées a rendu opérationnel le commandement chinois. La marine chinoise s'est vue renforcée, avec ses deux porte-avions, frégates et sous-marins qui sont un élément fondamental de cette puissance. En ligne de mire : le contrôle de la mer de Chine et Taïwan. Mais très rapidement, l'informatisation est au cœur de la transformation. Elle apparaît comme un facteur déterminant pour gagner la supériorité.

Les récentes manœuvres qui prennent prétexte de tout mouvement à Taïwan sont là pour démontrer les progrès accomplis par l'armée populaire de libération et l'entraîner dans les domaines maritime et technologique. Alors que les conflits terrestres sur les frontières avec l'Inde restent très limités, la façade maritime est l'objet de toutes les attentions. Les revendications chinoises en mer de Chine sont la source de beaucoup de tensions entre Pékin et ses voisins, en particulier le Vietnam, les Philippines, la Malaisie et le Japon, mais aussi les États-Unis.

En effet, cette zone regorge de ressources naturelles et représente aussi un intérêt stratégique de poids avec un tiers du trafic maritime mondial. Depuis 1947, la Chine revendique la souveraineté de la « ligne en neuf traits », qui recouvre plus de 80 % de cette mer. Cela engendre des crispations, notamment autour des îles Paracels, des îles Spratleys et des récifs de Scarborough que la Chine est accusée de « poldériser », c'est-à-dire d'assécher, pour les militariser. Depuis plusieurs années, les pays voisins ont signalé plusieurs démonstrations de force chinoises autour des îles et îlots contestés avec une grande mobilisation de chalutiers et de bâtiments de guerre pour asseoir l'hégémonie chinoise en mer de Chine. Profitant de sa montée en puissance militaire ainsi que de l'affaiblissement de la présence américaine dans la région, Pékin a mené au cours des dernières années l'aménagement de plusieurs îlots et récifs malgré une sentence de la Cour permanente d'arbitrage de La Haye en juillet 2016. Les États-Unis considèrent la position de la Chine comme contraire au droit de la mer et comme une entrave grave au principe de la liberté de circulation (dont les règles ont été fixées par les Nations unies lors de la convention de Montego Bay, en Jamaïque, en 1973). Début 2023, les crispations sont d'autant plus fortes que les États-Unis renforcent leur présence et, face à l'expansionnisme chinois, multiplient exercices et démonstrations de force. De nombreux incidents ont d'ailleurs lieu entre des bâtiments chinois et des bâtiments américains dans la zone.

Plutôt que de chercher une confrontation directe avec ses voisins ou avec les Américains, Pékin entretient le sentiment d'insécurité dans la région en utilisant les « zones grises » concernant les revendications en mer de Chine et maintient la tension avec ses voisins. La stratégie d'insécurité de Pékin est d'autant plus efficace qu'aucun des pays de la zone n'est capable de faire le poids contre la marine chinoise. Seuls les États-Unis pourraient contre-attaquer en cas d'agression chinoise en mer de Chine ou contre un pays dont ils assurent la sécurité. La tactique chinoise vise essentiellement à s'approprier progressivement des îlots ou des espaces maritimes stratégiques et à les militariser pour asseoir ses revendications territoriales dans cette fameuse « ligne en neuf traits ».

Après la récupération de Macao et de Hong Kong, la mer de Chine est l'objet d'un grignotage reposant sur la faiblesse des pays de la zone. L'exemple le plus frappant concerne les Philippines. Manille et Pékin se disputent la souveraineté des îles Spratleys, officiellement en partie dans la zone économique exclusive des Philippines. Cependant, ces îles ont été militarisées par la Chine et des îlots artificiels y ont été construits. Pékin revendique donc la souveraineté de ces îlots en raison de ces constructions. Après avoir aménagé plusieurs récifs dans les îles Spratleys et les îles Paracels, en y installant des pistes d'atterrissage, voire des batteries de missiles, l'armée chinoise s'apprête à lancer des travaux d'envergure dans les récifs de Scarborough pour y créer un avant-poste. Cet ensemble maritime revendiqué par Manille se trouve à 230 kilomètres des côtes philippines. Il est passé sous le contrôle de Pékin en 2012 quand la marine chinoise y a déployé ses navires sans que les Philippins, sous-équipés, parviennent à les déloger. En 2013, face à l'empreinte chinoise sur son territoire, le gouvernement de Benigno Aquino a fait une demande d'arbitrage à la Cour internationale de justice. La Haye rend son jugement en 2016 et donne raison à Manille. « Le tribunal juge qu'il n'y a aucun fondement juridique pour que la Chine revendique des droits historiques sur des ressources dans les zones maritimes à l'intérieur de la "ligne en neuf traits" », a statué l'organe des Nations unies. Mais Pékin rejette catégoriquement ces conclusions.

Plus récemment, le retour de la flotte américaine en mer de Chine méridionale, mais aussi les récents accords pour implanter de nouvelles bases américaines aux Philippines après l'élection du président Marcos en remplacement du plus conciliant Rodrigo Duterte, a conduit Pékin à se montrer moins agressif tout en poursuivant ses opérations dans la zone. De nouvelles constructions chinoises sur les îles Spratleys en 2019 ont engendré de nouvelles tensions entre les Philippines et la Chine. C'est la prochaine étape dans les plans de Pékin pour mettre en place une zone d'identification de défense aérienne (ADIZ) en mer de Chine méridionale. Or, cette zone ne peut exister s'il subsiste à proximité du récif de Scarborough un « trou dans la couverture des radars, missiles et avions de combat de la Chine », avertit le juge à la Cour suprême des Philippines. « Scarborough est la dernière pièce manquante du puzzle pour les Chinois. S'ils parviennent à mettre en place toutes leurs bases militaires, ils pourront totalement exclure militairement les autres pays de la mer de Chine du Sud », s'alarme le juge Antonio Carpio.

En mars 2020, la marine chinoise mène des exercices en mer de Chine du Sud, utilisant pour la première fois des points d'appui dans les îles Spratleys et déployant des bâtiments de garde-côtes près du récif de Scarborough (qu'elle occupe depuis 2012) : une provocation pour les Philippines. Toujours en mars 2020, Pékin installe deux « centres de recherche » sur les récifs de Fiery Cross et de Subi situés dans les îles Spratleys (revendiquées par les Philippines et le Vietnam). Officiellement, ces laboratoires seraient sous la juridiction de l'Académie des sciences chinoise à des fins de recherche écologique, minérale et géologique. En réalité, soupçonnent des experts, une telle installation pourrait être destinée à des recherches plus « stratégiques » concernant la présence dans les fonds sous-marins de pétrole et de métaux rares… Ces deux récifs sont des îles artificielles « poldérisées » sur lesquelles les Chinois ont construit des pistes d'atterrissage d'une longueur de 3 000 mètres où des avions de chasse et des bombardiers peuvent atterrir.

Taïwan reste le « gros morceau » qui n'est pas encore à portée de la Chine. Après la récupération des enclaves européennes de Macao et de Hong Kong issues de guerres coloniales, le grignotage de cette mer par un mélange de pressions diplomatiques, commerciales et militaires institue un état de fait chinois dans cette zone périphérique de l'empire du Milieu. Depuis dix ans, cette méthode porte ses fruits et, sans coup férir, la Chine est en train de conquérir le contrôle d'une zone essentielle pour elle mais aussi pour la région et le monde.

Toutefois, comme en Russie, son armée reste gangrenée par la corruption. Certains témoignages vont jusqu'à évoquer la vente de grades. Payer pour devenir colonel… Évidemment, les officiers sont tous membres du parti communiste. Entre cette corruption et son inexpérience, il est permis de questionner l'efficacité de cette armée. Le volume humain et la technologie ne peuvent pas tout.

La technologie s'avère en revanche extrêmement précieuse pour contrôler le quelque 1,4 milliard d'habitants du pays. Sans parler de la prééminence du parti communiste renforcée lors du XXe congrès du Parti en 2022 qui confirme le pilotage central de la Chine. Mais peut-on gouverner un pays de plus de 1 milliard d'habitants comme on gouverne (péniblement) un pays de 60 millions d'habitants ?

La surveillance de la population s'opère d'abord par son contrôle idéologique. Les systèmes internet sont quadrillés par l'État. Le nombre de caméras gérées par des intelligences artificielles sophistiquées fait que la population est individuellement observée et pistée de près. Le « système de crédit social », ces notations attribuées aux citoyens en fonction du respect qu'ils ont des règles imposées, renforce ce contrôle. L'État central y est une sorte de « Big Brother », à la manière de celui du roman d'anticipation de George Orwell, *1984*, où la principale figure de l'ouvrage est une sorte de métaphore d'un régime policier et totalitaire, à la tête d'une société de surveillance où les libertés des habitants sont toutes restreintes.

Comme dans la dystopie de George Orwell, dans ce pays dirigé par un parti qui compte 100 millions de cadres, l'État central sait en permanence ce que les Chinois pensent, font et disent. Et mieux vaut pour eux qu'ils pensent comme le chef ! La population est heureuse si le Parti a décidé qu'elle l'était.

Le principal problème de l'empire du Milieu est l'éclatement. C'est là sa crainte existentielle, le péril qu'il redoute le plus. Car il est synonyme d'échec majeur, de catastrophe. C'est le traumatisme hérité du « siècle des humiliations » contre les Occidentaux et les Japonais, entre 1839 et 1949, lorsqu'il se débattait contre les puissances coloniales.

La Chine a besoin d'une garantie d'ordre et d'organisation pour rayonner. Ses dirigeants ne peuvent admettre et encore moins tolérer que l'on puisse penser différemment d'eux. Tout doit être normé selon les règlements et standards définis par le parti communiste. Il y va de la cohésion de ce pays qui a, si l'on se penche sur son histoire, toujours fonctionné de la sorte. Il y a quelque quatre mille ans, dans la Chine impériale, les mandarins étaient déjà chargés de faire respecter la norme…

Aujourd'hui, les dirigeants du Parti et du pays restent convaincus que leur civilisation est la meilleure et que toute possibilité d'éclatement a conduit à des catastrophes. Les Chinois en concluent qu'il faut un État fort pour se protéger. À la fois de l'intérieur mais aussi de l'extérieur. Plus que tout, ils redoutent les formes de prosélytisme tendant à promouvoir d'autres modes de gouvernance plus libéraux, moins conformes à leur propension à régenter les esprits et les vies.

Si ce contrôle peut heurter nos mentalités individualistes d'Occidentaux, force est d'admettre qu'il est un indiscutable atout pour assurer le déploiement de cette nation établie sur un territoire gigantesque. Nul doute qu'il a permis à la Chine de parvenir à se hisser au niveau d'une puissance de premier plan sur la scène internationale.

Un seul exemple pour illustrer la force de cette nation : lors de grandes inondations en 1998, un camarade du Parti est interrogé sur sa gestion de cette catastrophe naturelle. Réponse : « C'est simple. Un général à la tête d'un corps d'armée est nommé, 150 000 soldats envoyés pour remplir des sacs de sable et créer une digue. » Simple… La force du nombre, à l'origine de la puissance de la Chine éternelle.

Pour atteindre cette hégémonie, le volume de sa population a joué un rôle clé. Jusqu'au printemps 2023, la Chine était ainsi le pays le plus peuplé du monde avec, on l'a dit, plus de 1,4 milliard d'habitants. Depuis, elle a été supplantée par l'Inde.

Mais au fil du temps la gestion de sa démographie est devenue un problème. Ce qui était une force est désormais une faiblesse. Mise en place de 1979 à 2015 par Deng Xiaoping, la politique de planification des naissances a été conçue pour éviter la surpopulation et permettre la croissance économique pour sortir le pays de la pauvreté. Son idée : imposer à chaque famille un seul enfant. Le numéro un chinois parvient alors à imposer l'idée que cela permettra de transmettre un avenir meilleur à ces enfants uniques. Dans la mentalité asiatique en général, et chinoise en particulier, c'est le garçon qui perpétue la tradition, lui qui se trouve devant l'autel des ancêtres, centre de gravité spirituel de la famille, du clan et de la lignée.

Cette politique a pour conséquence terrible les féminicides de nourrissons. À terme, les perspectives ne sont pas riantes pour l'économie de ce géant. La Chine a en effet progressé sous l'impulsion de son attractivité : une très importante main-d'œuvre à très bas coût. Mais elle diminue, et les coûts augmentent. Autrefois, les employés étaient des paysans extrêmement précaires qui acceptaient de travailler à n'importe quel prix. Aujourd'hui, ce n'est plus le cas. Le marché intérieur s'est beaucoup développé lui aussi – et singulièrement pendant la crise du Covid-19, dès novembre 2019. Désormais, 400 millions de Chinois ont un niveau de vie équivalent à celui des Européens.

En conséquence, de très nombreuses entreprises chinoises sont parties du pays, pour fabriquer à l'étranger, que ce soit au Cambodge ou en Éthiopie par exemple. L'avantage concurrentiel chinois est en train de s'affaiblir. De facto, le seuil d'acceptation de ces conditions de travail et la croissance du pays ont favorisé l'émergence d'une bourgeoisie chinoise.

Globalement, le niveau de vie de la population s'est amélioré.

Si la courbe des naissances baisse, l'avantage d'hier (contrôler les naissances) menace de devenir un handicap sur le long terme. Depuis 2015 et l'assouplissement de la politique de l'enfant unique, il n'y a pas eu de remontée démographique.

Sur le long terme, la population s'annonce vieillissante et ne comptera sans doute pas assez d'actifs pour financer ses retraites. Et s'il y a moins d'habitants, le marché du travail sera moins compétitif. Malgré les modifications législatives imposées par le régime, les habitudes demeurent. Après avoir été conditionnés pendant près de trente-cinq ans sur les bénéfices de la politique de l'enfant unique, les Chinois sont conscients des avantages qu'ils peuvent tirer de telles structures familiales : un quotidien moins précaire. Et il est plus simple de contrôler la naissance d'un enfant par famille que d'inciter les Chinois à en avoir plusieurs.

6.

Le Golfe sonne la charge

« Le meilleur auxiliaire d'un diplomate est bien son cuisinier », disait Talleyrand. Que de décisions cruciales prises en partageant un repas, que de tentatives pour essayer de convaincre ses camarades de tablée. En ce mois de février 2003, je me doute que l'invitation de ce néoconservateur n'est pas tout à fait dénuée d'arrière-pensées. Peut-être cherche-t-il à me convaincre du bien-fondé de cette guerre en Irak…

Sa proposition de déjeuner intervient dans un contexte particulier. La France tente comme elle le peut de retarder l'intervention américaine par une discussion au Conseil de sécurité. Dans le cadre d'une première résolution déposée par la voix de son ambassadeur à New York, Jean-David Levitte, Paris conditionne l'entrée en guerre des Américains en Irak à des gages sur la possession d'armes de destruction massive dans ce pays. Une deuxième résolution portée par les Américains doit apporter les fameuses preuves. La présentation de ce texte se déroule dans la petite salle du Conseil de sécurité. La résolution est « en bleu ». Dans le jargon onusien, cela signifie qu'elle doit être soumise au vote. Mais le Britannique souffle un « non » à son collègue américain. « On ne la présente pas, on n'est pas sûrs d'avoir les neuf voix », ajoute-t-il. Dans cet entre-deux, les États-Unis cherchent à convaincre la France pour faire passer leur résolution.

La proposition de ce néoconservateur advient à ce moment. Il est spécialiste dans l'aéronautique, et m'a fixé rendez-vous dans une pizzeria, non loin des Nations unies. Drôle de choix... Sans doute s'explique-t-il par sa volonté de discrétion. Je suis tout de même surpris, d'autant que je ne le connais pas. Il s'exprime parfaitement dans la langue de Molière. « Mon colonel, j'aimerais discuter avec vous du cours des affaires du monde », entame-t-il. J'accepte son ordre du jour. Il commande du champagne, comme pour signifier, au-delà des margaritas qui arrivent dans nos assiettes, que notre échange est important.

Dès 2002, les néoconservateurs pensent que la guerre peut être une opportunité bienfaisante... « *Let's war have a chance* (Laissons une chance à la guerre) », disent-ils.

Mon compagnon de pizzeria développe. « Connaissez-vous l'amiral Castex ? » demande-t-il. J'acquiesce. Il va de soi que je suis familier de cet amiral français, théoricien militaire d'avant-guerre dont on continue de suivre les préceptes. L'Américain poursuit : « Connaissez-vous la théorie de la goutte d'eau ? » Je ne suis pas sûr qu'elle ait à voir avec Castex. Il continue, ravi de son effet : « Vous laissez tomber une goutte d'eau, elle fait déborder le vase, et vous regardez quel effet cela produit. » Observer, sans planification ni états d'âme, quelles que soient les conséquences. Je ne suis pas convaincu...

Loin de la pizzeria new-yorkaise, la goutte d'eau a provoqué un désastre. La volonté américaine de recomposition du Moyen-Orient se solde par un échec total, sur tous les plans. National, régional et même mondial. En 2003, après avoir fait tomber le régime de Saddam Hussein, la tentative de changement de gouvernement est un ratage complet. Elle induit l'effacement des sunnites dans ce pays à majorité chiite (55 %). Cela a pour effet de renforcer brutalement l'identité des chiites, et de les pousser à reprendre le pouvoir. Le clivage confessionnel s'est accentué, pour le pire (se reporter à la carte 4 en annexe).

Ce faisant, les États-Unis renforcent la position de l'Iran. Cette grande opération américaine provoque le chaos dans une région tourmentée, et déclenche une série de changements de rapports de force. Sous l'égide de la République islamique, l'influence des chiites dans les organismes d'État se fait plus nette, que ce soit en Irak ou en Syrie. Là, un soulèvement populaire débute dans le sillage du Printemps arabe que Bachar al-Assad réprime dans le sang.

Dans le même temps, la région assiste à une naissance effrayante. Celle d'un mouvement sunnite terroriste qui germe sur les ruines et la rancœur laissées en Irak par les Américains. L'organisation djihadiste de l'État islamique en Irak et au Levant (EIIL) se met très vite à revendiquer la souveraineté sur « son » califat, à cheval entre la Syrie et l'Irak. Une coalition occidentale entre alors en action contre Daech. Si son expansion territoriale est enrayée, le groupe terroriste parvient malgré tout à conserver un pouvoir de nuisance loin de sa base. C'est le cas au cœur de l'Union européenne, où dès 2015 la France est victime d'une vague d'attentats de ses membres ou affidés, ainsi qu'au Sahel, où des antennes locales de Daech se mettent à éclore.

Ce chaos provoqué par les Américains, ajouté au fait que les États-Unis dépendent moins du pétrole de la région depuis l'apparition du gaz de schiste en 2009, incite les pays du Golfe à questionner leur allégeance au « Grand Satan ». L'accord de stabilité scellé à l'issue de la Seconde Guerre mondiale par le roi Ibn Saoud, fondateur du royaume d'Arabie saoudite, et Franklin Roosevelt, président des États-Unis, ne semble plus d'actualité.

La relation entre le Proche-Orient et les États-Unis se détériore encore quand, en mai 2018, le président Donald Trump décide de rayer d'un trait de plume l'accord de Vienne sur le nucléaire iranien, le JCPOA (Joint Comprehensive Plan of Action), conclu trois ans plus tôt après d'âpres années de négociations. Ce texte est alors considéré comme une avancée majeure pour la stabilité de la région, puisqu'il porte sur le contrôle du programme nucléaire de Téhéran en échange d'une levée progressive des sanctions économiques qui asphyxient ce pays.

Peu de temps après, les liens entre les États-Unis et l'Arabie saoudite se dégradent de manière spectaculaire. Par le passé, la première puissance mondiale n'avait pas l'habitude de s'offusquer des méthodes de ce royaume régi par les lois de la charia, où la notion de droits de l'homme est très relative. Une forme de pragmatisme régnait entre les deux pays. L'assassinat barbare de Jamal Khashoggi a eu raison de la belle entente entre Washington et Riyad.

Ce journaliste saoudien avait pris ses distances avec la Cour à la suite de l'avènement du prince héritier Mohammed ben Salmane. Alors que le trentenaire devient dirigeant du royaume, le journaliste prend la fuite et s'exile, en 2017. Un an plus tard, alors qu'il pénètre à l'intérieur du consulat d'Arabie saoudite, à Istanbul, en Turquie, il est tué par un commando saoudien qui le découpe en morceaux. Des micros du renseignement turc ont enregistré les échanges insoutenables des agents qui l'ont tué…

Leur retranscription, ajoutée à la mort de cet opposant au prince héritier, suscite l'émoi de la communauté internationale. Au point que le président Joe Biden traite MBS de criminel. Si Riyad a, depuis, reconnu que le meurtre du journaliste était prémédité, le dialogue avec Washington est de son côté rompu.

Ce froid entre les États-Unis et le royaume conduit l'Arabie saoudite à s'autonomiser davantage et à reconsidérer ses relations dans la région, avec le Qatar notamment. Un étonnant pacifisme entre voisins se répand. Le blocus contre le Qatar, minuscule État de la taille de l'Île-de-France mais très actif au plan diplomatique, est levé. Les pétromonarques se réconcilient après une crise inédite au sein de la péninsule Arabique. Elle n'a pas été loin de dégénérer en affrontements armés. D'un coup, les tensions retombent. Le Yémen est alors le théâtre d'une guerre civile, qui s'est internationalisée. Les Saoudiens et leurs alliés mènent une coalition qui combat les rebelles chiites houthistes… soutenus par les Iraniens. Même cette guerre s'étiole. Les Iraniens eux aussi lèvent le pied.

Une des dernières actions de l'administration du président Donald Trump contribue à ce renouveau pacifique de la région. Les accords d'Abraham annoncés le 13 août 2020 établissent la paix entre Israël et Bahreïn, puis entre Israël et les Émirats arabes unis. Ils seront suivis par des rapprochements avec le Maroc, et même l'Arabie saoudite et le Liban. La Palestine est oubliée.

Mais la clé récente de l'amorce de stabilisation dans ce Moyen-Orient compliqué reste l'action de la Chine. Sous son égide, survient en 2023 un rapprochement inattendu entre l'Iran et l'Arabie saoudite après des années de tension. À l'issue de pourparlers secrets, les ministres des Affaires étrangères iranien et saoudien scellent leur réconciliation à Pékin, devant les objectifs médusés des caméras du monde entier.

Cette mission diplomatique produit un double effet. D'abord, le rapprochement entre deux ennemis jurés, avec la perspective d'un gain de stabilité dans la région. Ensuite, la Chine joue un rôle qu'elle n'avait jamais endossé jusqu'ici : celui de grand médiateur international.

En parallèle, au niveau régional, le double effet de la crise irakienne et de l'abandon de la pression sur l'Iran conduit les pays de la péninsule Arabique à devenir plus autonomes vis-à-vis des États-Unis et à développer leur propre politique, sans se soucier de plaire ou non au « Grand Satan ». Leur développement économique favorise leur croissance.

La recomposition s'opère autour des deux grandes puissances : l'Arabie saoudite et l'Iran. Deux théocraties, une monarchie sunnite d'un côté et une république chiite de l'autre, toutes deux traversées par d'importants changements au début des années 2020.

Le royaume connaît pour sa part une véritable révolution intérieure due à trois facteurs. D'abord, la croissance démographique importante de ce pays de 30 millions d'habitants. En 1945, ils n'étaient que 3 millions. Cette croissance a entraîné son urbanisation rapide, et l'image mythologique du Bédouin dans le désert même s'il reste un facteur culturel important est essentiellement devenue un argument de vente touristique. Ensuite, Riyad a une conscience aiguë de devoir son opulence à une ressource tarissable. Ses dirigeants perçoivent la fin de l'ère du pétrole et investissent sur le long terme dans d'autres domaines.

Cette lucidité explique l'aura qu'ont su créer d'autres monarchies du Golfe, comme les Émirats arabes unis, ou le Qatar.

Les Émirats arabes unis, fédération de sept États sous la présidence d'Abu Dhabi, sont les derniers à avoir acquis leur indépendance en 1971. Mais ce sont probablement les premiers à investir dans la diversification de leur économie pour ne pas dépendre exclusivement du pétrole, cet or noir qui les rend si riches. La société y est rapidement plus ouverte. Le pape François s'y rend pour inaugurer une cathédrale en 2019. Avec le grand imam d'Al-Azhar, principale institution sunnite sise au Caire, il vient signer un document sur « la fraternité humaine pour la paix dans le monde et la coexistence commune ». En 2022, la « Maison de la famille abrahamique » y est ouverte pour les trois religions du livre.

Le Qatar, quant à lui, État confetti, a essentiellement vécu jusqu'en 1920 de l'industrie perlière et de la pêche. Lorsque le procédé de fabrication de perles dans des huîtres est mis au point au Japon et se répand dans le monde, l'économie locale s'effondre, sa population est frappée de malnutrition. À la fin des années 1930, quand du pétrole est mis au jour à l'ouest du pays, le Qatar bascule subitement de la pauvreté à la richesse. Quand le plus grand gisement de gaz naturel est découvert au large de ses côtes, l'ascension et la modernisation de cet État sont exponentielles. Mais, fort de l'expérience des perles, l'idée que les ressources naturelles se tarissent a décuplé sa volonté d'investir dans d'autres domaines économiques.

Les Saoudiens ont cette conscience, eux aussi. En 2016, c'est l'objet du plan « Saudi vision 2030 » qui investit dans l'enseignement, la recherche et le développement durable en s'accompagnant d'une privatisation des activités. Il vise à faire du royaume une plaque tournante au cœur du monde arabe et islamique. Pour cela, le rôle de gardien de lieux saints de l'Islam, joint à la capacité d'investissement soutenue par le prix du pétrole, sont des outils puissants.

Cela va de pair avec une transformation de la société, avec la fin de subventions distribuées à la population. Les habitants doivent désormais travailler, et non plus seulement se contenter de percevoir la rente du pétrole. Cette période marque le début de la transformation profonde de la société et de l'entreprenariat saoudiens.

Troisième aspect de cette révolution : la modernisation contrôlée de la société saoudienne avec la fin du pacte entre les wahhabites et les Saoud. Celui-ci permettait aux Saoud de rester les gardiens des lieux saints alors qu'ils n'étaient pas descendants du prophète Mohamed. Ils avaient le pouvoir politique alors que les religieux par le biais de la police des mœurs faisaient respecter des règles fondamentalistes instituées par le wahhabisme. Même si la religion reste prépondérante dans le royaume, les règles se sont assouplies et la religion musulmane y est désormais dépourvue de ses interprétations les plus radicales. C'est particulièrement visible pour ce qui a trait aux droits des femmes. Elles se mettent à étudier et à exercer un métier. Les Saoudiennes obtiennent le droit de conduire en 2018, l'obligation de porter le voile est levée en 2019.

Le régime saoudien accompagne les velléités de changement de sa population, essaie de s'adapter à ses aspirations là où le régime iranien les subit.

Dès septembre 2022, la République islamique est secouée par une révolte féministe inédite pour que les Iraniennes obtiennent le droit de ne plus porter le voile. Un mouvement qui touche toutes les couches de la société perse, et auquel les hommes prennent une part active.

Contrairement à l'Iran, l'Arabie saoudite fait preuve d'une grande flexibilité idéologique, signe de son pragmatisme. Certes, le royaume n'est pas exactement démocratique. Il se transforme toutefois de l'intérieur, de lui-même, développe son économie, devient plus libéral. À ses côtés, le Qatar ou encore les Émirats arabes unis suivent le même chemin. Ces exemples sont sans doute la preuve qu'il n'y a pas besoin d'être un régime démocratique pour parvenir à muer, à s'adapter, à changer même s'il est vrai que dans ces pétromonarchies, les bouleversements s'opèrent sur une temporalité plus longue.

L'Iran emprunte une tout autre voie. En 1979, à l'issue d'une révolution populaire motivée par le souhait de voir le shah quitter le pouvoir, l'ayatollah Khomeini instaure le régime de mollahs pour remplacer ce monarque bien trop occidentalisé à son goût. Conservateurs, religieux à l'excès, ces mollahs s'accrochent au pouvoir sans aucune considération pour les revendications libertaires de la population. Soit l'exact inverse de l'Arabie saoudite qui, d'elle-même, s'est rapprochée de l'Occident et libéralise le pays tout en maintenant les fondamentaux de l'islam. En Iran, tous ceux qui se sont rapprochés de l'Occident sont pourchassés… et la radicalité chiite a été renforcée.

Ces attitudes opposées sont liées au fait que le chiisme répond à une hiérarchie religieuse stricte. L'emprise sur la population, par le biais des cadres du régime, y est beaucoup plus forte. Ce n'est pas le cas dans le sunnisme, où, considérant qu'il n'y a pas d'intermédiaire entre la communauté des croyants et Allah, il n'y a pas de hiérarchie.

La guerre en Ukraine a contribué à asseoir la prééminence des puissances de la péninsule Arabique. Ce conflit a fini de couper le cordon qui les liait encore à l'Occident, États-Unis en tête. Leur autonomie en est sortie renforcée. D'abord, sur le plan économique, ces pétromonarchies ont plutôt tendance à y gagner. Elles n'appliquent pas les sanctions économiques décidées par les Occidentaux, et vont même plus loin. Un trafic leur permet d'importer à bas prix le pétrole russe pour leur consommation domestique tout en vendant au prix du marché leur pétrole à l'export. Sur le plan diplomatique, le royaume a joué un rôle de médiateur, en négociant, avec la Turquie, des échanges de prisonniers russes et ukrainiens.

Enfin, les pays du Golfe observent d'un regard attentif le fait que le monde ne suit pas les États-Unis comme ces derniers le souhaiteraient. L'autonomie des pays du Golfe semble être devenue une position internationalement partagée. Par ailleurs, l'Union européenne ne les intéresse guère, même s'ils suivent de près certains pays de l'Union, en particulier la France.

Pour la France, la région du Golfe, ancienne chasse gardée anglo-américaine, a provoqué un regain d'intérêt. En 2009, Paris a installé la base aérienne 104 à Al-Dhafra, près de la capitale émirienne. Il s'agit de la première base à l'étranger en dehors de l'Afrique établie par la France.

Au fil du temps, les liens entre Paris et Abu Dhabi se resserrent. En témoigne la relation très soudée du président Emmanuel Macron avec l'émir Cheikh Mohammed ben Zayed al-Nahyane, mieux connu sous le sigle MBZ. Un exemple : les investissements touristiques de ce micro et richissime État ont été confiés à la France. Du point de vue culturel, les passerelles se multiplient, au fil du temps. En atteste la création du Louvre Abu Dhabi, ou encore celle de la Sorbonne Abu Dhabi, en partie francophone, créée en 2006 par un accord de coopération internationale entre la prestigieuse université parisienne et le ministère de l'Enseignement de l'Émirat.

Ce lien est également stratégique. Quand, en août 2021, Paris décide de rapatrier ses personnels et les collaborateurs afghans avec qui les Français ont travaillé pendant vingt ans, alors que les talibans sont en passe de reprendre le pouvoir, le pont aérien est établi depuis les Émirats. Les opérations de surveillance réalisées par l'Union européenne sur le sensible détroit d'Ormuz pour veiller au trafic maritime sont également basées là. Dans le cadre de la lutte contre le terrorisme et l'islamisme radical, ce pays est très investi aux côtés de la France, y compris au travers d'investissements pour soutenir nombre de pays du Sahel, comme le Tchad. Au fil du temps, Abu Dhabi est devenu un partenaire fiable et incontournable.

La vision de nos démocraties occidentales, produit d'une longue histoire, doit-elle en souffrir, l'évolution de ces jeunes États, qu'il s'agisse des Émirats, du Qatar ou de l'Arabie saoudite, attestent de ce fait : des régimes non démocratiques peuvent impulser plus de transformations que des régimes démocratiques. Les cartes sont rebattues dans ce Moyen-Orient si complexe.

7.

L'Afrique lâche la bride

Il est déjà tard quand, un vendredi de mai 2003, Kofi Annan demande au « P3 » de se réunir avec lui. Ce code désigne les trois membres permanents occidentaux du Conseil de sécurité (États-Unis, France et Royaume-Uni). L'horaire est évocateur, synonyme d'urgence. C'est le cas. Dans la région de Bunia, dans le nord-est du Congo, une grave crise est en cours. De sanglants affrontements opposent les ethnies Lendu et Hema. Les observateurs s'émeuvent des massacres, du nombre inquiétant de réfugiés qui cherchent à fuir cet enfer. Le secrétaire général des Nations unies demande à l'ONU d'envoyer des forces sur place. Un bataillon uruguayen est en cours de déploiement, mais l'affaire est compliquée…

Dans cette salle de réunion onusienne, nous sommes une dizaine. Outre Kofi Annan, il y a le secrétaire général adjoint aux opérations de paix, Jean-Marie Guéhenno. Son conseiller militaire, le général Patrick Cammaert, un Néerlandais avec qui j'étais en Bosnie en 1995. Les trois ambassadeurs des pays du P3 sont présents, ainsi que nous, les conseillers militaires. Je participe aux côtés de Jean-Marc de La Sablière, qui représente la France. L'ambiance est particulière : depuis mars, les Américains sont engagés en Irak, les Britanniques derrière eux. Paris, Washington et Londres sont en bisbille après le refus de la France de mener cette campagne à leurs côtés et d'avoir eu l'outrecuidance de s'y opposer publiquement.

Nous échangeons sur ce conflit en Ituri et la nécessité de lancer une opération de sécurisation de l'ONU avant de déployer des forces, pour empêcher le bain de sang interethnique en cours. Mais le bataillon sud-américain est insuffisant pour réaliser cette mission tout seul.

Soudain, Kofi Annan nous rapporte un échange qu'il vient d'avoir et qui vaut solution... « J'ai appelé Jacques », entame-t-il. Jacques Chirac, le président français. Le secrétaire général lui a exposé le problème, et nous fait part de la réponse du Français : « Pas de problème, Kofi, on va faire ! »

La surprise des participants – côté français également – est totale. Américains et Britanniques se tournent vers nous, l'air de dire : « Très bien, c'est votre problème. » Ce n'est pas qu'ils sont opposés ou agacés, mais eux sont déjà engagés en Irak, sur un théâtre inextricable. Et il s'agit de l'Afrique... La France doit donc se débrouiller avec l'ancienne colonie belge.

À la suite de cette réunion, j'appelle le général Benoît Puga qui dirige alors le CPCO, à Paris. Il s'agit du Centre de planification et de conduite des opérations. Il me dit que lui aussi a appris qu'« on doit faire ». Il lui incombe de mettre en musique cette décision. « On est en train de monter quelque chose », m'explique-t-il. Dans l'armée française, cela veut dire que l'« alerte guépard » est activée. Un dispositif d'alerte en place vingt-quatre heures sur vingt-quatre avec des unités prêtes à partir, soit environ 1 500 hommes.

Mais l'habillage diplomatique de l'opération doit d'abord être arrangé. Dans les jours qui suivent, une orientation est donnée. Pour promouvoir la défense européenne, cette équipée au Congo ne doit pas seulement être une opération française, mais celle de l'Union européenne. Les Français sont renforcés de quelques officiers de liaison européens à l'état-major, et d'une unité de forces spéciales suédoises.

Les contacts diplomatiques sont noués avec la base d'Entebbe en Ouganda, dont l'aéroport doit servir de point de transit et de soutien logistique à l'opération Artémis, son nom de code. Il est convenu que l'intervention européenne ne durera que trois mois, le temps pour l'ONU d'arriver à déployer une de ses brigades de la force de maintien de la paix, les Casques bleus. Le 6 juin 2003, les premières forces spéciales françaises se posent sur l'aéroport de Bunia. Le soir même, à quelque 11 000 kilomètres de là, à New York, un pot de départ se tient à l'ONU. J'y aperçois Kofi Annan et Patrick Cammaert. Tous deux s'avancent vers moi. Dans la journée, les journaux télévisés ont diffusé les images de l'arrivée de nos forces spéciales. « Bravo, Dominique, c'est ce qu'il fallait faire. »

Le CPCO a nommé comme commandant sur le terrain le général Jean-Paul Thonier, un de mes camarades de l'École de guerre. À New York, Xavier de Chambord avec qui j'ai servi au 12e chasseurs à Sedan veille à la conduite de la logistique de l'ONU. Sur le terrain, le colonel Daniel Vollot, camarade de rugby quand nous étions lycéens, est le chef des observateurs de l'ONU dans la région. Les Français sont partout...

Régulièrement, le Conseil de sécurité effectue des missions sur le terrain. L'une d'elles est prévue au Congo-Kinshasa (RDC), mi-juin. Je propose à Jean-Marc de La Sablière que le Conseil se rende à Bunia. Il accepte, à condition d'avoir toutes les garanties en matière de sécurité. Depuis Paris, le général Puga m'assure que 150 de nos forces spéciales s'en chargeront.

Au début de l'opération, le Conseil de sécurité se rend donc à Bunia. Les quinze ambassadeurs sont réunis autour d'une grande carte mise à l'horizontale, la *bird table*. Sur place, je demande au général Thonier et au colonel Vollot de les briefer. Ce dernier leur explique la situation sur le terrain. Le premier, son idée de manœuvre militaire : « Pour l'instant, j'ai 200 gars, je fais le gros dos. Dans huit jours, nous serons 1 500. Je vais alors leur montrer qui est le chef. » Lors d'un trajet avec l'ambassadeur des États-Unis à l'ONU, celui-ci me questionne : « Comment faites-vous, les Français ? Nous, on n'est pas capables de faire ça », reconnaît John Negroponte. Les Américains ne savent pas déployer 1 500 hommes en si peu de temps, prendre le contrôle de la situation, et surtout pas en Afrique.

À l'issue de ce briefing, le Conseil de sécurité retourne à New York. Huit jours plus tard, la presse annonce que de gros accrochages sont intervenus dans la région de Bunia, avec près de 40 morts du côté des rebelles. À l'accoutumée, dans les couloirs de l'ONU comme en réunion, règne une forme de fébrilité, et les demandes d'explications pleuvent. Là, personne ne moufte : « Le général nous avait dit... »

En Afrique, la France a des capacités de réaction singulières. Nous savons faire avec peu de moyens. C'est ce que l'on retrouvera dix ans plus tard, au Mali, lors de l'opération Serval.

L'Afrique n'est indépendante que depuis soixante ans. Les deux principaux pays à l'avoir colonisée sont la France et le Royaume-Uni. L'Allemagne, la Belgique, l'Espagne, l'Italie et le Portugal y ont participé eux aussi, mais de façon moins importante. Reste que ce poids de la colonisation est toujours présent sur le continent, en particulier dans les zones francophones (se reporter à la carte 5 en annexe). Le français compte ainsi près de 140 millions de locuteurs dans 31 pays africains...

Le continent est divisé en deux zones géographiques très différentes. D'abord, le Maghreb (qui signifie « couchant ») au nord-ouest, et le Machreq (qui signifie « levant ») au nord-est. Ensuite, séparée par la bande sahélo-saharienne, l'Afrique noire. Pour bien appréhender le continent, il faut également avoir en tête ses trois principales zones de colonisation : anglophone, francophone et lusophone. Car le poids de cette histoire reste encore très présent.

Certes, les Anglo-Saxons ont très vite coupé le cordon avec leurs anciennes colonies… qui elles-mêmes se sont très vite détournées du Royaume-Uni. Dans les zones francophones, en revanche, le lien est resté très fort, aussi bien pour les pays africains que pour la France, notamment du fait de ses diasporas. Un lien familial, presque charnel. Emmanuel Macron, jeune président qui n'a pas connu la colonisation, travaille en terre inconnue dans ces pays où le poids historique reste très marqué. Avec un paradoxe insoluble : les pays africains disent à Paris : « Nous sommes indépendants, laissez-nous faire » ; mais au moindre problème, ils s'offusquent et s'interrogent : « Que fait la France ? »

Pour tenter de changer cette logique, et parce que le pays y a intérêt, le président français s'intéresse désormais à l'Afrique anglophone. Celle qu'il connaît mieux. Comme le Nigéria, où il a effectué son stage en ambassade alors qu'il était à l'ENA. En 2019, il nomme ambassadeur en Afrique du Sud un de ses plus proches collaborateurs de la cellule diplomatique, Aurélien Lechevallier. C'est avec cette Afrique-là qu'il cherche à créer de nouveaux liens. Le chef de l'État ne fait pas partie de la génération « Françafrique » qui considère encore les anciennes colonies comme sa chasse gardée. Kenya, Afrique du Sud, Nigéria, Éthiopie… Par pragmatisme, Emmanuel Macron s'oriente plus volontiers vers cette Afrique anglophone qui, d'un point de vue économique, pèse plus pour la France. Il y effectue des déplacements et lance de nombreux partenariats pour tenter de créer des liens avec ces contrées.

Il n'en reste pas moins que les militaires français sont toujours présents sur le continent, où ils disposent de plusieurs bases militaires permanentes. De l'ouest à l'est, tout le nord du continent est « couvert » : au Sénégal, en Côte d'Ivoire, au Gabon pour la façade orientale, puis au Tchad et à Djibouti, dans la Corne de l'Afrique, dont la façade maritime court sur plus de 330 kilomètres de la mer Rouge à l'océan Indien. Les opérations « ponctuelles » y ont également été nombreuses dans les années 2010 : Serval au Mali (janvier 2013), devenue Barkhane dans la bande sahélienne, ou encore Sangaris en Centrafrique (décembre 2013). Par ailleurs, les évacuations de ressortissants européens dépendent beaucoup de ces forces françaises, comme ce fut récemment le cas au Soudan.

Les armées françaises et africaines ont un lien permanent. Nombre d'officiers africains ont été formés dans les établissements militaires tricolores. Malheureusement la connaissance de l'Afrique en France ne repose désormais plus que sur les diasporas, quelques expatriés qui y sont de moins en moins nombreux, et sur ces militaires. Bien sûr, les diplomates sont présents, mais en très petit nombre et moins en contact avec les populations.

Les pays des anciennes colonies britanniques et portugaises n'ont pas ce lien avec leurs anciennes colonies. Aux Nations unies, la France est perçue (légitimement) comme l'État le plus proche des Africains. Il faut se rappeler que 80 % des opérations de maintien de la paix se déroulent sur ce continent. Le secrétaire général adjoint aux opérations de paix a toujours été un Français. Aux Nations unies, et singulièrement au Conseil de sécurité, lorsqu'il est question d'Afrique, les hauts fonctionnaires se tournent presque spontanément (et systématiquement) vers la France. Il faut aussi reconnaître que le poids de la France au Conseil de sécurité repose beaucoup sur ce lien si particulier avec les Africains. Les francophones représentent un tiers de la population du continent. Les liens économiques avec Paris sont eux aussi poussés, y compris avec les pays anglophones, comme le Nigéria, dont la France est le premier client, du fait du pétrole qu'elle lui achète.

L'un des paramètres à prendre en compte pour saisir la mutation de l'Afrique est sa vigueur démographique. La population a bondi, et la jeunesse y est majoritaire, puisque 60 % des habitants ont moins de 20 ans. Le continent compte, dans les années 2020, plus de 1 milliard d'habitants, soit environ le quart de la population mondiale. En 2050, le continent sera le plus peuplé au monde. Cette pression a entraîné un accroissement important de l'urbanisation. Le continent est extrêmement dynamique mais sa pauvreté peine à être enrayée. L'Afrique abrite ainsi les dix pays les plus démunis de la planète (Burundi, Sierra Leone, Malawi, Centrafrique, Madagascar, Somalie, Soudan du Sud, Niger, Mozambique et Érythrée).

Ces terres sont pourtant le théâtre de gigantesques paradoxes, de mutations brutales. Ces pays pauvres sont assis sur d'incroyables ressources naturelles et sont potentiellement très riches. Le développement économique et technologique s'y fait de manière souvent erratique.

Pour ce qui a trait aux communications par exemple, l'Afrique est passée presque directement aux téléphones portables, sans que les lignes terrestres se soient généralisées, ou presque. Les systèmes bancaires fonctionnent essentiellement avec le numérique. Malgré des bonds de modernité saisissants, certaines infrastructures essentielles sont encore déficitaires, en particulier les routes. Or l'économie de nombre de ces pays repose encore sur l'exportation de matières premières et sur l'importation de produits finis.

C'est tout l'inverse de la Chine, où la main-d'œuvre constitue un marché du travail dynamique. En conséquence, les Chinois ont vu leur niveau de vie s'améliorer. Pour cela, il a fallu ralentir le mouvement démographique pour permettre l'enrichissement de la population de l'empire du Milieu, avec une politique très stricte du contrôle des naissances. Alors que, du fait du nombre, l'Afrique éprouve des difficultés à voir sa population s'enrichir. Or cette prise en compte du lien entre économie et natalité n'est pas encore tout à fait en vigueur sur le continent. La croissance économique n'y est pas suffisante pour permettre l'augmentation des conditions de vie d'une population qui a crû trop vite.

L'exemple du Niger est éloquent. L'explosion démographique y est patente, avec une moyenne de près de huit enfants par femme, soit le taux de natalité le plus élevé du monde. Le président Mahamadou Issoufou est le premier à s'être inquiété de cette démographie galopante alors que le pays reste très pauvre. « Au rythme actuel, la population de notre pays doublerait en moins de dix-huit ans et pourrait atteindre plus de 40 millions en 2035 et environ 75 millions en 2050. Le bon sens nous commande de réfléchir à présent à ces horizons », a-t-il préconisé, à l'occasion du 57e anniversaire de l'indépendance du Niger, en 2017. Mais les effets de cette mise en garde ne se sont pas encore fait sentir. Une génération est nécessaire pour que les résultats d'une diminution soient visibles.

L'urbanisation est toutefois un phénomène naturel de limitation de la natalité, pour plusieurs raisons. Si les enfants sont nécessaires dans les villages pour travailler dans les champs, en ville ce n'est plus le cas, en outre l'espace y est contraint. Partout, l'urbanisation est synonyme de diminution de la natalité.

Le cas de la Côte d'Ivoire illustre ce bond du taux d'urbanisation, passé de 17,7 % en 1960 à plus de 50 % en 2018. Néanmoins la moyenne reste à 4,4 enfants par femme et donc pour le moment, la population continue de croître...

C'est vrai, cette population est un facteur de dynamisme, mais sa masse est un frein à son enrichissement. Cela explique l'important phénomène d'immigration qui touche l'Afrique. Elle n'est pas seulement cantonnée à des mouvements de population vers l'Union européenne. L'immigration africaine est surtout interne : les trois quarts des mouvements de population se font à l'intérieur même du continent.

La démographie a beau être une force, il faut la contenir pour la mettre en adéquation avec la croissance économique. Même si ce tabou de la natalité a été levé par le président Issoufou, le mouvement est lent et cela n'implique pour autant pas qu'elle amorce une phase de limitation. Il faut mettre ces données en miroir avec celles de la Chine, dont la population diminue après trente-cinq ans de politique de l'enfant unique. En Afrique, la courbe des naissances diminue peut-être, après avoir explosé, mais la stabilisation viendra après 2050.

Quoi qu'il en soit, l'Afrique est un continent potentiellement richissime. Il regorge en effet de matières premières et de minerais. Ces ressources sont souvent mal exploitées et ont été à l'origine de bien des crises et conflits.

Ainsi, le premier fournisseur de coltan au monde est le Rwanda… alors qu'il provient du Congo. Ce minerai est utilisé dans les industries de pointe, pour fabriquer des téléphones portables et des ordinateurs notamment. Il entre également dans la composition des fusées et des missiles. Il est au cœur de la guerre qui a ravagé l'est du Congo, avec 6 millions de morts, l'un des conflits les plus meurtriers depuis la Seconde Guerre mondiale. Selon un rapport d'experts présenté en 2015 au Conseil de sécurité de l'ONU, de grandes quantités de coltan auraient illégalement été extraites au Congo avant d'être transportées en contrebande au profit de sociétés régionales et étrangères. L'armée rwandaise aurait ainsi tiré près de 250 millions de dollars entre 1998 et 2000 de ce trafic illégal. Évidemment, les trois États mis en cause par le rapport de l'ONU (Burundi, Ouganda et Rwanda) ont toujours nié leur implication.

Le paradoxe de la pauvreté en Afrique, compte tenu de ses ressources, est troublant. Le tour d'horizon de ses richesses donne le vertige. D'après la Commission des Nations unies pour l'Afrique, le continent abrite 54 % des réserves mondiales de platine, 78 % de diamant, 40 % de chrome et 28 % de manganèse. Selon un rapport publié en 2022 par l'ONG Natural Resource Governance Institute (NRGI), le continent détiendrait entre 20 % et 90 % des onze minéraux indispensables à la transition énergétique comme le cobalt, le chrome ou encore le zircon, ou ceux du groupe platine (à l'instar de l'iridium). Ces éléments sont nécessaires à la fabrication des piles à combustible, des dispositifs qui entrent dans la production de l'hydrogène vert ou encore des catalyseurs automobiles. L'Afrique dispose également d'autres ressources essentielles à la fabrication de stockage d'énergie et de composants de voitures électriques, comme le manganèse (55 % des réserves mondiales) ou la bauxite (22 %). Sans parler des mines d'or au Mali, de celles de diamant en Afrique du Sud et en Centrafrique, du pétrole au Gabon, au Cameroun, en Angola, au Mozambique ou en Algérie, du phosphate au Maroc... Autant de sources de richesse dans l'un des continents les plus pauvres de la planète. Les matières premières qui sont extraites sont essentiellement exportées. C'est l'un des dommages collatéraux du poids de la colonisation qui pèse encore sur l'infrastructure des économies africaines : les colons ont incité ces pays à exporter leurs matières premières à des conditions avantageuses pour les transformer eux-mêmes. Un exemple qui touchera les gourmands : le chocolat importé d'Afrique. Les fèves de cacao importées en France sont taxées à 5,5 %. En revanche, le chocolat déjà transformé est importé par la France moyennant 20 % de taxes. De tels dispositifs fiscaux ont été mis en place par les puissances coloniales comme la France ou la Belgique pour inciter les pays africains à se contenter d'exporter leurs matières premières et ont perduré depuis.

Or ces pays cherchent à produire et à manufacturer eux-mêmes. Ainsi, le Gabon a notamment décidé en 2009 que plus aucune bille de bois ne devait être exportée et serait désormais transformée sur son territoire. Libreville a alors créé une zone économique spéciale aux abords de la capitale dans laquelle tout le bois est transformé, depuis les billes brutes jusqu'au contreplaqué. Et, pour finir, les déchets sont utilisés afin de produire de l'aggloméré. Quelles que soient les essences, 95 % du bois gabonais est désormais transformé sur place.

De telles zones économiques spéciales s'étendent au Togo, au Bénin, en Côte d'Ivoire pour leurs productions propres, coton, cacao... Elles consistent à inciter les entreprises à s'y établir en leur octroyant des avantages fiscaux (ils ne paient notamment pas de taxes pendant un temps). Cela a également l'avantage de permettre de contrôler la qualité des produits et de mieux gérer les ressources forestières pour leur permettre de se renouveler.

Si les liens traditionnels de l'exportation des pays africains les conduisent à commercer naturellement vers l'Europe, désormais le continent est parti à la conquête de nouveaux clients. « Maintenant, le marché est ouvert », disent même les dirigeants africains, satisfaits de sortir de leur dépendance envers les anciennes puissances coloniales. Pour asseoir leur propre souveraineté, mais aussi pour gagner plus d'argent.

Immédiatement, la Chine – qui a tant besoin de matières premières – a répondu présent. Depuis vingt ans, Pékin a proposé des financements pour développer l'infrastructure locale en échange de capacités à s'approvisionner dans ces pays. Le cas le plus connu est la liaison ferroviaire entre Djibouti et Addis-Abeba, ancienne voie construite par une société française au début du XXe siècle et électrifiée par une compagnie chinoise avec des financements chinois qui a été inaugurée en 2016. Tant d'autres pays comme le Congo ou encore le Cameroun ont suivi le même schéma. Cette volonté d'autonomisation de l'Afrique pour conquérir des marchés a surtout conduit à renforcer ses liens avec le géant chinois. Toutefois les taux élevés pratiqués par la Chine conduisent aujourd'hui à la limite de l'endettement des pays emprunteurs.

L'Union africaine (créée en 2002), qui compte 55 pays et 7 zones économiques sous-régionales, comme la CEDEAO, Communauté économique des États de l'Afrique de l'Ouest (créée en 1975), sont autant d'organisations qui cherchent à promouvoir le développement économique du continent sur un modèle comparable à celui de l'Union européenne en créant des zones de libre-échange.

Le continent dispose de nombreux atouts, toutes ressources confondues. Non seulement les ressources naturelles, mais aussi les ressources humaines, qu'il s'agisse de la vigueur démographique, synonyme de main-d'œuvre dynamique, ou de l'aptitude des Africains à commercer, eux dont la plupart sont polyglottes – un atout indéniable pour favoriser les échanges commerciaux.

Le conflit en Ukraine a aussi eu un impact sur ce continent. D'abord, les dirigeants africains considèrent que le monde occidental porte un intérêt disproportionné à ce conflit par rapport aux autres guerres qui déstabilisent la planète. Ils comprennent mal l'intérêt et les dépenses consacrées par l'Union européenne et les Américains dans cette guerre… alors que l'aide au développement qui est allouée à l'Afrique leur semble trop peu importante. Leur conclusion : les États n'agissent que pour leur propre intérêt. Quoi qu'il en soit, les médias africains chroniquent par le menu le conflit entre l'Ukraine et la Russie. Les Africains suivent aussi avec attention les médias français, TV5 Monde, France 24 ou encore LCI qui racontent également les subtilités de ce conflit.

Avec un pragmatisme indéniable, le continent cherche lui aussi à tirer son épingle de ce jeu de massacre russo-ukrainien. L'Afrique, comme d'autres, joue le clientélisme. Aux Nations unies, certains se sont étonnés de voir des pays comme le Burkina Faso, la Guinée-Bissau ou la Guinée être absents lors du vote, le 23 février 2023, d'une résolution de l'assemblée générale condamnant la Russie, quand d'autres se sont tout bonnement abstenus, à l'instar du Gabon, de la Centrafrique, du Mozambique ou de la Namibie. D'autres pays ont pris le parti de s'opposer frontalement à l'ancienne puissance coloniale française et de voter en faveur des Russes, comme le Mali. Autant de signes d'une volonté d'autonomisation pour acquérir le statut de pays réellement souverains soixante ans après les indépendances.

8.

Le manège européen

En août 1992, une réunion de l'Union de l'Europe occidentale (UEO) est convoquée au sujet de l'ex-Yougoslavie où la crise a commencé depuis 1991. Des conflits meurtriers s'y déroulent. Cette guerre des Balkans affecte cruellement les six républiques de la défunte République fédérative socialiste de Yougoslavie.

Les Européens veulent intervenir. Cette assemblée, l'UEO, a été créée en 1954. Elle réunit les Européens autour des questions de défense, mais elle ne s'est jamais vraiment développée. Certes, elle a toujours été le théâtre de discussions politico-diplomatiques, mais qui n'ont jamais débouché concrètement. En particulier car l'OTAN, créée antérieurement (1949), n'a jamais voulu lui laisser de place. En 1991, avec la guerre qui ressurgit à nos portes, il faut absolument un outil plus adapté à la défense au sein de l'Union. Dans le cadre de la présidence tournante, c'est l'Italie qui est aux commandes, en août 1992. Une première réunion se déroule donc à Rome.

Je suis envoyé par l'état-major des armées où je représente la France. C'est la seule planification que je ferai jamais totalement en français. Tous les intervenants parlent la langue de Voltaire. Le seul qui s'exprime mal est le Britannique. Les Allemands, les Italiens et les Espagnols maîtrisent tous le français et ont été formés à l'École de guerre, au cœur de Paris. Nous élaborons cette planification en deux ou trois semaines.

Fin août, les propositions de chacun des États-membres doivent se concrétiser.

Tous les pays de l'Union se retrouvent à Londres. Je m'apprête à vivre une première expérience politique détonante avec Pierre Joxe, qui est alors ministre de la Défense, un politique apprécié au sein de l'écosystème militaire. À cette réunion londonienne, il y a également Roland Dumas, le patron de la diplomatie française de l'époque. Personne n'ignore que les deux hommes se vouent une haine féroce. C'est tout juste s'ils se serrent la main...

Autour de la table, chaque pays donne son avis. Soudain, Pierre Joxe se retourne vers moi et m'interroge : « Mon colonel, au fait, qu'est-ce que l'on envoie là-bas ? » Je réponds à la hâte : « Un groupement tactique. » Il me relance : « Qu'est-ce que c'est ? » J'ai cinq minutes pour lui expliquer, en griffonnant à toute vitesse de quoi il s'agit, sur un bout de papier... Vient son tour de s'exprimer. D'une voix posée, il expose la proposition que je viens de lui écrire : « La France déploiera un bataillon de 1 800 hommes... »

À l'issue de cette brève présentation, le ministre se retourne vers son conseiller. Il est environ 12 h 55. Pierre

Joxe se lève, quitte la salle de réunion et file répondre aux questions des médias pour être en direct dans les journaux de 13 heures... avant Roland Dumas !

Nous rentrons à Paris avec cette proposition. Comme souvent, la question de son habillage en droit international pose problème : l'UEO ne peut pas la présenter en son nom. En effet, les Britanniques refusent que ce texte soit transmis comme une planification officielle émanant de cette entité européenne parce qu'ils ne veulent pas que cette organisation ait sa place et rayonne. Sous l'influence de Washington ou de leur propre gré, ils ne veulent rien faire sans les Américains.

Les Britanniques ne veulent pas de défense européenne car elle pourrait concurrencer l'OTAN. Or l'Alliance atlantique considère que pour se déployer en Bosnie-Herzégovine, il faut 150 000 hommes. Une assertion comme une fin de non-recevoir. Les Européens ne pouvant soumettre leur proposition du fait du refus britannique, Paris décide alors de la proposer aux Nations unies au nom de la France seule. Je suis donc envoyé à New York pour présenter la planification « française » à l'ONU.

Je passe par l'ambassade de France aux Nations unies. Elle n'a, à l'époque, pas de conseiller militaire alors que nous sommes déjà déployés au Cambodge, en Somalie et en Croatie. Jean-Claude Mallet est à l'époque directeur des affaires stratégiques. Il soumet une suggestion à Jean-Bernard Mérimée, représentant permanent de la France au Conseil de sécurité de l'ONU à l'époque : « J'ai là un lieutenant-colonel qui ne demande qu'à rester pour assurer votre conseil. » Le diplomate accepte volontiers. Je passe quatre mois à New York et deviens ainsi le premier conseiller militaire de la France à New York.

Dans le même temps, aux côtés de Jean-Claude Mallet, je présente ce texte à l'ONU. J'y rencontre pour la première fois Kofi Annan, sage africain, que j'aurai l'occasion de connaître à l'avenir. Notre planification est adoptée, et devient la base de travail pour déterminer les contours de l'opération militaire onusienne en Bosnie-Herzégovine. L'ONU décide de l'extension de la FORPRONU (Force de protection des Nations unies) en Bosnie-Herzégovine.

La planification est essentielle. Il s'agit de prévoir et, dans le cas présent, d'identifier quelles sont les zones de friction où l'on doit déployer des forces pour s'interposer, voire escorter les convois humanitaires, mais aussi quel volume de force et quelle protection leur apporter. 1 800 hommes, d'accord, mais avec quel équipement, pour faire quoi, et où ? Nous décidons de déployer un groupement tactique, c'est-à-dire un bataillon à base d'infanterie, avec un escadron blindé, capable de réagir. Nous choisissons l'enclave musulmane de Bihać, coincée entre la Krajina, en Croatie, et la Bosnie-Herzégovine, tenues par les Serbes.

Cette première planification est transcrite sous forme de résolution du Conseil qui décide dans un premier temps de l'interdiction du survol international de la Bosnie-Herzégovine. Un incident vient de se produire en Bosnie-Herzégovine : deux MiG-21 serbes ont survolé le pays malgré la résolution qui a été votée. À New York, je dois expliquer aux diplomates que oui, certes, une résolution a été adoptée, qu'un de nos avions de surveillance – un Awacs – nous permet d'observer que les Serbes ont survolé ce territoire, contrevenant à la réglementation qui a été adoptée, mais que non, nous n'avons pas les moyens de les arrêter puisque nous n'avons pas d'avions de chasse. Par la suite, c'est l'OTAN qui fournira la couverture aérienne pour la Bosnie-Herzégovine. Ce seront donc des chasseurs de l'Alliance transatlantique qui, à partir des bases en Italie, en France ou de porte-avions, assureront une permanence aérienne pour être en mesure d'intercepter les aéronefs serbes dans le ciel de Bosnie.

Après mon départ de New York, la planification se poursuit pour mettre en place le déploiement au sol. Je me rends à nouveau à Londres. Là, les Britanniques, tenant compte la fin de la guerre froide, sont en train de dissoudre la British Army of the Rhine (BAOR), unité historique des forces armées britanniques. Ils prennent le PC (poste de commandement) de cette unité pour le mettre en Bosnie-Herzégovine. De mon côté, en juillet 1993, je rejoins le terrain pour me retrouver aux côtés du général Cot, commandant de la FORPRONU en ex-Yougoslavie. Toute la chaîne de commandement est européenne.

En 1992, les Européens ont la volonté de régler le conflit en Yougoslavie. Si l'Union n'a pas d'instrument pour le faire, et doit composer avec l'attitude peu constructive (déjà) des Britanniques, elle s'engage par ricochet. Ainsi, une grande partie des contingents qui vont se déployer sous Casques bleus sont européens. Comble de ce paradoxe, le gros des troupes est composé de soldats britanniques (!) et français.

Ce conflit va marquer son temps. Les pays qui verront le jour après lui, eux, ne rêvent que d'une chose : rejoindre l'Union. Il faudra attendre longtemps... Seules la

Croatie et la Slovénie sont membres de l'Union, la Bosnie, le Monténégro, la Macédoine du Nord et la Serbie n'ont, en 2023, que le statut de candidats.

Ce rêve d'Europe connaît une phase d'accélération avec l'invasion militaire russe en Ukraine. L'Union, experte dans l'art des négociations interminables à vingt-sept ou vingt-huit membres, a pris l'habitude des décisions accouchées à l'issue de longues et laborieuses périodes de gestation. Cette guerre va changer la donne et permettre une capacité de réaction nouvelle alors que jusque-là, la construction européenne depuis sa création (le 25 mars 1957, avec la signature du traité de Rome) était le fruit d'un lent cheminement (se reporter à la carte 6 en annexe).

L'émergence de son autonomie économique procède de l'une de ses principales réussites : la création d'un marché unique. Un fantastique levier qui a pour conséquence le fait que dans les pays membres, 60 % de leur commerce se déroule entre eux. La principale difficulté réside dans la capacité à protéger ce marché intérieur. Une protection nécessaire essentiellement vis-à-vis de la Chine, mais aussi des États-Unis.

Il y va de l'avenir de l'Union européenne, qui souhaite être un pôle économique et géostratégique d'envergure. Coincée entre deux géants, les États-Unis et la Chine, l'un connaissant un déclin relatif et l'autre une croissance impressionnante, la consolidation de l'Union apparaît comme une nécessité, au risque de perdre toute influence sur la scène internationale et d'être absorbée par les États-Unis ou écrasée par la Chine. C'est le choix d'une Europe par pragmatisme.

La grande réussite et l'un des acquis solides résident déjà dans l'existence du marché unique qui donne une force de manœuvre extraordinaire. L'Union européenne est l'un des plus grands marchés du monde, bien supérieur au marché américain. Et même plus important que le marché chinois, en termes de pouvoir d'achat. En effet, le marché européen représente le troisième marché mondial avec 450 millions d'habitants. Pour le FMI, en 2018, l'Union européenne est la deuxième puissance économique mondiale derrière la Chine (22 023 milliards de dollars), devant les États-Unis. La population européenne bénéficie d'un PIB à parité du pouvoir d'achat par habitant de 41 000 dollars, soit deux fois celui de la Chine et une fois et demie celui de la Russie.

Des dispositifs de protection sont mis en place progressivement. En réaction souvent, comme face aux Américains qui imposent des taxes sur les produits non fabriqués dans leur pays-continent pour, en filigrane, inciter à l'implantation des entreprises sur leur territoire. En réponse, les Européens mettent en place d'autres taxes, notamment sur le carbone. L'objectif est certes environnemental et commercial, il n'en vise pas moins à répondre à la politique protectionniste de Washington. Outre la réduction des émissions de gaz à effet de serre, cette fiscalité aux frontières est destinée à éviter les délocalisations d'industries dans des pays moins scrupuleux en matière de production. Une guerre des taxes, en somme.

Le sujet nucléaire est également essentiel pour les Vingt-Sept et pourtant il est toujours l'objet de discussions tendues entre des pays refusant le nucléaire par idéologie et ceux constatant qu'il est nécessaire à la production d'électricité décarbonée. L'Alliance nucléaire initiée par Paris en 2023 et réunissant seize pays européens est un grand pas en avant dans ce domaine. L'implantation des usines pour fabriquer des batteries, des semi-conducteurs et autres produits nécessaires à son indépendance énergétique est aussi un sujet majeur et l'objet de surenchères pour les attirer. Les États-Unis, eux, sont autonomes en termes énergétiques avec le gaz de schiste. Ils ont donc des problématiques différentes de celles de l'Europe.

Dès lors, il est urgent de protéger ce marché intérieur et cette capacité industrielle intérieure qui s'est effondrée avec la délocalisation des industries dans les années 2000. La crise du Covid-19 a beaucoup joué dans cette prise de conscience d'une nécessaire réindustrialisation du Vieux Continent, avec l'interruption de toute forme de circulation pendant la crise dans un contexte d'âpre concurrence. Quand les usines chinoises se sont interrompues, les Vingt-Sept se sont subitement rendu compte qu'ils étaient très (trop) dépendants des importations dans de nombreux champs stratégiques, comme celui du sanitaire, avec les médicaments, les masques, les tests…

Au-delà de la question de la réindustrialisation, le coût de la main-d'œuvre soulève un réel problème. Et, à terme, la question de la difficulté du nombre de bras qui font défaut en Europe… De quoi lever la complexe question de l'immigration, puisque la courbe démographique baisse inexorablement. La population a cruellement besoin d'être renouvelée de ce point de vue, même si d'autres pistes sont étudiées par plusieurs États pour recourir le moins possible à l'immigration pour des questions de politique intérieure. Il en va ainsi de la robotisation qui ferait baisser le coût de production, et la possibilité de grèves aussi, pour ce qui a trait en particulier à la France…

L'Europe dispose de nombreux atouts, mais elle doit les renforcer face à la concurrence internationale. La question de son autonomie culturelle est aussi un enjeu. L'Union est faite de vingt-huit pays avec autant d'histoires et de langues différentes.

Pourtant, ils parviennent à s'entendre, à prendre des décisions de concert, à faciliter le quotidien de ses quelque 450 millions d'habitants. Au sein de l'Union, beaucoup ont la mémoire courte et ne regardent pas assez loin. Qui peut imaginer, en cette année 2023, l'Allemagne combattant la France ? C'est impensable. Nous sommes à mille lieues de la défiance qui régnait au sortir de la Seconde Guerre mondiale, et qui faisait dire à François Mauriac : « J'aime tellement l'Allemagne que je suis ravi qu'il y en ait deux. » Culturellement, l'Europe, ce continent qui n'a connu que la guerre pendant des siècles, est devenu un havre de paix. Et la paix se défend.

Dans cet espace culturel unique, les différences sont compatibles. Le mélange des nationalités et leur proximité grâce à la liberté de circulation fait qu'il est désormais inenvisageable que l'on combatte les uns contre les autres. Des dispositifs européens ont beaucoup joué en ce sens, comme Erasmus, le programme d'échange universitaire. Peut-être les citoyens ne le réalisent-ils pas suffisamment. C'est pourtant loin d'être un acquis. L'entente et la paix ne sont pas immuables, elles nécessitent d'être construites et renforcées, en permanence.

Si vis pacem, para bellum. La locution latine attribuée à Jules César et devise de l'École de guerre reste d'actualité. Celui qui veut la paix doit préparer la guerre. D'où la nécessité pour l'Union européenne de renforcer son autonomie en matière de défense. Mais pas n'importe comment.

La Communauté européenne de défense (CED) fut ainsi un projet avorté de création d'une armée européenne, avec des institutions supranationales, placées sous la supervision de l'OTAN, dont le chef était lui-même nommé par le président des États-Unis. À l'issue d'un vote de l'Assemblée nationale, en 1954, la France refuse ce projet.

La mort de cette « CED » donne naissance à une nouvelle idée. L'Union de l'Europe occidentale (UEO), organisation européenne de défense et de coopération, finalement dissoute en 2011 avec la montée en puissance de l'Union européenne après le traité de Lisbonne (entré en vigueur en 2009).

Longtemps, l'Europe est restée dépendante des États-Unis pour sa défense, en particulier au sein de l'OTAN. Malgré cette propension à s'abriter derrière le parapluie américain, des outils sont tout de même parvenus à être développés. À Bruxelles ou sur le terrain, avec cette obsession si française de créer une défense européenne autonome. Elle s'est retrouvée entravée par l'idée fausse et pourtant répandue au sein de l'Union que la France jouait la compétition avec l'OTAN. Ce n'est pas le cas.

Si la France n'est pas dans une logique de compétition avec l'Alliance transatlantique, elle aspire toutefois à ne pas en être dépendante, c'est-à-dire que les Européens ne doivent pas être dépendants des États-Unis. Cette ligne est très fortement ancrée en France, et ce, quelles que soient les appartenances politiques. Elle reflète un état d'esprit d'aspiration à l'autonomie, et à la souveraineté de ses décisions diplomatico-militaires. Cette volonté et ce tropisme sont loin d'être partagés par les autres pays membres que cette emprise américaine ne gêne pas le moins du monde. Cette singularité française s'explique par le fait que nombre de ces Européens occupés pendant la Seconde Guerre mondiale ont été libérés par les États-Unis, comme les Pays-Bas ou encore la Belgique. La France libérée doit aussi beaucoup aux Américains, mais avec le général de Gaulle, nous avons appris combien il était nécessaire parfois de s'opposer pour peser face à ce géant.

C'est pourquoi au sein de l'Union européenne, la position de la France est particulière. Ses oppositions aux États-Unis sont récurrentes mais son alliance sans alignement est une constante. Au sein de l'Union, elle a pris l'habitude de faire valoir sa propre voix. Elle questionne en permanence ce leadership américain en Europe, ne le tient pas pour acquis, contrairement à l'écrasante majorité des Vingt-Sept. Notamment parce que la France a dû batailler pour trouver sa place à la fin de la guerre. Alors quand Paris cherche à construire un outil de défense autonome, ses voisins trouvent ce projet suspicieux. Les plus opposés étant historiquement les Britanniques qui rejettent systématiquement les décisions prises sur le sujet. Ces positions divergentes entre Britanniques et Français proviennent en particulier des leçons apprises pendant notre dernière opération postcoloniale commune, lors de la crise du canal de Suez en 1956, après la déclaration de nationalisation du canal par l'Égyptien Nasser. L'état d'esprit des Britanniques se résume ainsi : « Jamais sans les États-Unis », tandis que celui des Français reste : « Toujours autonome, se méfier des États-Unis ».

Pourtant, psychologiquement, pour les pays européens quelque chose a changé lorsque la France est revenue dans le commandement intégré de l'OTAN, en 2007, sous l'impulsion du président Nicolas Sarkozy. Cette décision permet de faire comprendre aux autres Européens que la France ne peut pas être en opposition avec l'Alliance atlantique puisqu'elle fait maintenant partie du commandement intégré.

C'est très progressivement que la France essaie de créer des outils qui sont acceptés par les États membres, et ce, dans un certain nombre de domaines uniquement. Ils permettent à l'Union européenne de commencer à avoir des instruments de défense. En matière de transport aérien militaire, l'EATC (European Air Transport Command) créé en 2010 est l'exemple d'une structure dont personne ne parle malgré son fonctionnement remarquable.

En termes de renseignement, certains, dans l'Union, finissent par entendre qu'ils doivent être capables d'apprécier une situation par eux-mêmes... Se pose donc la question de sa nécessaire souveraineté en la matière. Cette prise de conscience donne lieu à plusieurs projets, comme les satellites Helios, une famille de satellites de reconnaissance français, conçus avec une participation minoritaire de l'Italie, de l'Espagne, de la Belgique et de la Grèce, et mis en orbite entre 1995 et 2009. Dès 2002, le centre satellitaire de l'Union européenne à Torrejon de Ardoz, en Espagne, permet de disposer d'un centre autonome de traitement des données satellitaires.

De la même manière, Galileo, un système de radionavigation par satellites mis en place par l'Union européenne, est partiellement opérationnel depuis fin 2016 et le sera pleinement après le lancement de ses derniers satellites, en 2024. La même logique préside à la genèse du programme Ariane, pour l'espace. Et le lancement de la constellation de satellites Iris donnera des communications européennes sécurisées.

Ces différents projets poursuivent le même but : développer des capacités autonomes dans l'espace.

Même si ces initiatives se construisent parfois douloureusement et à l'issue de longues négociations, elles contribuent à la création d'un sentiment de nécessaire collaboration des Vingt-Sept sur les questions de défense. Au fil du temps, cet état d'esprit débouche même sur un certain nombre de missions menées conjointement pour défendre des intérêts de l'Union. C'est l'objectif de nombreuses opérations européennes. Comme la défense des couloirs de transferts des hydrocarbures avec l'opération maritime Atalante, pour réprimer les actes de piraterie au large des côtes de la Somalie. Ou la création de Frontex pour assurer le contrôle des frontières extérieures de l'Union. La récente décision de déploiement d'une mission européenne en Arménie et d'une autre en Moldavie montre que les Vingt-Sept commencent à réagir plus rapidement aux changements géostratégiques à proximité de leur territoire. La mise en place à Bruxelles d'un état-major européen interarmées (dirigé par un Français en 2023) de 200 personnes, avec 27 participants, a été l'objet de nombreuses négociations. Les Britanniques y mettaient un frein pour « ne pas dupliquer l'OTAN ». Mais depuis le Brexit, en 2020, il est (enfin) devenu opérationnel.

Le Brexit est une entaille à la promesse européenne, à son projet. Le départ des Britanniques est vécu comme une nouvelle tragique au sein de l'Union, qui perd à ce moment un de ses membres importants. Mais force est de reconnaître qu'en matière de défense, ce départ a facilité les choses. Par ailleurs, le Brexit s'est aussi traduit par une bonne nouvelle pour le renseignement européen puisque les Américains ont perdu leur espion au sein des différents organes de l'Union.

Les Vingt-Sept ont continué à développer leurs capacités de défense et sont montés en puissance pour atteindre cet objectif. Après le départ des Britanniques, est créé en 2021 le Fonds européen de défense. Perçu comme l'un des instruments phares de la politique de l'Union en matière de défense, il est doté d'un budget de 7,9 milliards d'euros pour la période 2021-2027. Il doit permettre aux industriels européens de la défense de travailler ensemble sur des projets communs. Il est conçu pour accélérer et promouvoir la recherche et le développement européens dans le domaine de la défense. Pour ce faire, pour proposer un projet, trois sociétés de trois pays différents de l'Union doivent se regrouper. Ces contraintes sont conçues pour inciter les États membres à travailler ensemble. L'idée est habile, même si les États-Unis essaient de s'infiltrer, par le biais des « pays tiers », en passant entre les mailles du système. D'ailleurs, l'une des difficultés des relations entre Washington et Bruxelles en matière de défense concerne la base industrielle et technologique de défense (couramment appelée BITD). Mme Florence Parly, alors ministre des Armées, avait eu ce bon mot : « L'article 5 ne veut pas dire F-35 », en référence au forcing américain pour vendre leur dernier avion F-35 aux pays membres de l'OTAN.

Autre initiative, lancée en 2021, la Facilité européenne de paix. Il s'agit d'être en capacité de financer des actions opérationnelles ayant des implications militaires ou dans le domaine de la défense. À l'origine, le programme est conçu avec, en tête, l'idée d'équiper des pays africains pour les aider à la fois à prévenir des conflits, construire la paix, afin de renforcer la sécurité internationale… et celle de l'Europe. À ce moment, il n'est pas prévu que les États membres fournissent de l'armement létal. Ce souhait est en effet freiné par des pacifistes qui ne veulent pas en entendre parler. À l'époque, ces différends donnent lieu à d'interminables discussions sur le concept d'« arme létale défensive ».

Quand la guerre survient en Ukraine, ces débats volent en éclats. Les crises font évoluer en accéléré les organisations. La Facilité européenne de paix est sollicitée pour permettre à l'Union de financer les équipements fournis par ses membres à l'Ukraine. Cela comprend évidemment des armes létales. Initialement dotée de 5 milliards d'euros en mars 2023 elle est réévaluée à 7 milliards. Au printemps 2023, un fonds spécial de 2 milliards est même créé en urgence pour fournir des obus de 155 mm, ainsi que la production de munitions. Dans le sillage de cette guerre, l'Union fait un pas de géant en vue de conquérir sa souveraineté technologique. En débat depuis 2021, la constellation de satellites Iris *made in Europe* obtient un accord politique entre le Parlement et l'exécutif européen. Ce dispositif est destiné à sécuriser Internet et ses communications partout sur son territoire. Dans ces domaines liés au marché intérieur, le commissaire français en charge, Thierry Breton, fait un travail remarquable pour fluidifier et accélérer les processus.

L'initiative européenne d'intervention initiée en 2018 a prouvé la nécessité de travailler entre Européens suivant une articulation variable pour faire avancer certains sujets. C'est notamment la question des mouvements stratégiques au sein de l'Union. L'un des innombrables atouts de ce continent est sa capacité de transport. Quand un État membre souhaite projeter des moyens humains ou matériels, la route (terrestre, fluviale ou aérienne) est utilisée, et les possibilités sont potentiellement nombreuses en cas d'obstruction d'un pays de passage. Un exemple : le déploiement des chars Leclerc depuis la France vers la Roumanie. Ceux-ci ne peuvent être envoyés sur des porte-chars car les normes des ponts allemands ne leur permettent pas de passer, en raison d'un tonnage par essieu supérieur aux capacités des infrastructures allemandes. Ce projet européen attire naturellement très rapidement l'intérêt de l'OTAN.

Le conflit ukraino-russe conduit à repenser les capacités de l'Union européenne de défense et à les accroître. Bénéfice collatéral : cela renforce les capacités des Vingt-Sept au sein de l'OTAN. Depuis la guerre en Ukraine, le travail de l'Union et celui de l'OTAN ont même parfois tendance à se confondre. À terme, l'invasion russe aura eu pour effet de renforcer la défense de l'Europe par les Européens eux-mêmes, ce que des décennies de débats depuis 1954 et le projet mort-né de CED ne sont pas parvenus à créer. Entre-temps, une guerre aux portes de l'Europe a éclaté.

D'un point de vue opérationnel, le renforcement de l'Ukraine passe par une coalition pilotée par les États-Unis, et dans laquelle les Européens d'un côté, et l'Union européenne de l'autre, jouent un rôle majeur.

Par ailleurs, des initiatives opérationnelles antérieures au sein de l'Union avaient vu le jour. Comme la brigade franco-allemande, une unité militaire binationale créée en 1989, dont l'état-major est situé à Mülheim, en Allemagne. C'est aussi le cas de l'« Eurocorps », corps d'armée multinational situé à Strasbourg, conjointement créé par la France et l'Allemagne en 1992. En 2023, il est composé de quatre nations supplémentaires (Belgique, Espagne, Luxembourg et Pologne) ainsi que de cinq nations partenaires (Autriche, Grèce, Italie, Roumanie et Turquie). Les six premières mettent ce corps d'armée au service de l'Union européenne et de l'OTAN.

Il est très difficile de fabriquer une culture commune de défense. Celle des Britanniques et des Français est assez proche, celle des Allemands et des Français très éloignée. Il est par ailleurs plus aisé pour un officier français de collaborer avec ceux qui ont fréquenté la même École de guerre parisienne. Quoi qu'il en soit, la culture militaire est indispensable pour un État… et reste nationale, pour être un instrument essentiel de sa souveraineté. Il n'empêche. Pour se constituer comme un bloc capable d'exister parmi des puissances de l'envergure des États-Unis ou de la Chine, l'Union européenne doit s'autonomiser sur tous les plans. Et en particulier dans la construction d'un instrument de défense opérationnel et efficace.

9.

La France au petit trot

Mai 1968 doit exprimer auprès de nombre de personnes la « révolution » ou la « chienlit ». Pour moi, c'est aussi le moment de grands changements, mais d'un autre ordre. Alors que jusque-là je suivais ma scolarité au lycée international de Fontainebleau, au milieu du tumulte estudiantin je passe le concours d'entrée pour la classe de seconde au collège militaire de Saint-Cyr-l'École. Je me souviens de ce grand bâtiment à Vincennes où les tables espacées voyaient tous les postulants plancher, uniquement des garçons à l'époque. Contre toute attente, car cette année scolaire perturbée avait été catastrophique, je réussis le concours d'entrée en seconde C, le plus sélectif. J'apprendrai beaucoup plus tard que mon statut de « pupille de la Nation » me donnait un avantage. Cette réussite est saluée par une lettre de mon grand-père Trinquand dans laquelle il m'indique que cela peut m'ouvrir une carrière militaire, mais aussi diplomatique… J'ai 15 ans et ma vie prend un premier tournant. Le début de ma carrière de soldat.

Près de trente ans filent. Mon parcours s'étoffe de noms de villes, en France, à l'étranger, autant d'expériences et de souvenirs. Pêle-mêle, Saumur, les écoles de guerre de Paris et de Camberley, en Angleterre, Naqoura, au Liban, Zagreb, dans ce qui est devenu l'ex-Yougoslavie…

En 1996, peu de temps après mon retour de Bosnie, je suis désigné pour prendre le commandement du 4e régiment de cuirassiers situé à Bitche, en Lorraine. C'est celui dans lequel mon grand-père servait comme lieutenant au début de la guerre de 1914-1918. La cavalerie me fait là un grand honneur car ce régiment doit monter en puissance, avec 80 chars Leclerc. Ma prise de commandement est prévue en juin 1996. J'ai hâte… Malheureusement, en février de la même année, le président Jacques Chirac décide brutalement de réformer la défense. En mai, il annonce la mise en place d'une armée professionnelle, ce qui a pour conséquence de réduire de façon importante l'armée et donc de dissoudre bon nombre de régiments. Si ces travaux sont faits dans le plus grand secret, je suis à l'état-major, et un camarade a la délicatesse de m'alerter : « Dominique, tu devrais t'inquiéter. » Le message est on ne peut plus clair : mon régiment est sur la liste de ceux qui doivent être dissous…

Un homme formidable, le général Mercier, qui deviendra chef d'état-major de l'armée de terre, demande à me voir avant que je ne parte pour Bitche, fin juin. Il commence : « Alors… » Le silence s'étire. Je me permets de prendre la parole. « Je sais que vous ne pouvez pas me le dire. Toutefois, si vous étiez amené à dissoudre la Reine cavalerie, s'il vous plaît, faites-le en un an. Sur cette distance, j'arriverai à tenir le galop. » Sa réponse fuse : « Bien reçu ! »

Je rejoins donc Bitche avec ce lourd et triste secret. Sous mes ordres, j'ai 947 hommes avec 70 chars AMX-30 B2. Quelques semaines plus tard, un soir de juillet, je suis convoqué à Baden-Baden où les mesures de dissolution vont être annoncées. Le général Claude Benito cite tous les régiments et leur avenir, sauf le mien. Je me lève : « Dois-je comprendre, mon général, que je ne suis plus sous vos ordres ? » Il commence par dire qu'il faut demander à Metz, puis comprend son erreur, et finit par m'informer que le régiment sera dissous... en 1997. Le général Mercier m'a entendu ! En rentrant, je trouve un message qu'il m'a fait parvenir. « Bon courage pour cette année », écrit-il sobrement.

Dès le lendemain matin, je réunis le régiment sur la place d'armes pour lui apprendre la nouvelle. Nous allons mettre fin à trois cent cinquante-quatre ans d'histoire. Je regroupe les cadres, et leur indique la marche à suivre : « Messieurs les maîtres, attachez vos chapeaux et vos rubans de queue car nous allons avoir l'honneur de charger ! Je n'aurai pas l'honneur de conduire la charge pour laquelle nous nous préparons mais notre mission doit servir toute l'armée. » Je leur déroule ce que j'ai en tête. Nous ferons de ce régiment une pépinière qui va profiter à l'armée professionnelle, nous allons former des cadres, engager des soldats et assurer leur formation. Jusqu'au bout.

Je prépare mon plan pendant l'été et parviens à négocier le budget pour le mettre à exécution. Une dissolution, cela veut dire beaucoup d'administration mais aussi des sujets liés aux hommes et aux équipements. Pour ce qui a trait aux hommes, il faut se préoccuper de leur avenir mais aussi occuper leur présent. Or leur avenir, c'est leur mutation, avec pour les jeunes la possibilité de se relancer dans l'armée professionnelle en construction. Pour les plus âgés, le souhait de préparer la retraite qu'ils espèrent dans la région de leur choix. Concernant le présent, il s'agit de construire un programme attrayant et dynamique. Des formations majeures rythmeront les douze mois de mon commandement. Les activités s'enchaînent : stages commandos, tirs au canon, manœuvres, submersion… Au fil des semaines, les chars s'en vont. On les donne tous. Les derniers obus sont tirés fin mai.

Pour chasser la tristesse qu'on ne peut empêcher d'affleurer – et parce que toujours, il faut avancer – nous organisons un raid à pied dans cette belle région. La journée s'achève par un mémorable méchoui préparé par les anciens harkis, nombreux aux alentours. Lors du dernier rassemblement régimentaire, je viens à cheval me faire présenter le régiment sur la place d'armes. L'émotion est intense. Le 28 juin, un an exactement après ma prise de commandement, le général Benito vient prononcer la dissolution du régiment. C'est un moment difficile. Je dois lui remettre l'étendard dont j'avais la garde et que je saluais tous les matins en entrant dans mon bureau. Il le roule pour l'emporter vers le château de Vincennes, où il rejoint tant de drapeaux et étendards glorieux. C'est un peu d'histoire de France qui part avec cette belle pièce de tissu. Le régiment a été créé en 1643. Il eut comme premiers colonels les reines de France, Anne, Marie-Thérèse, Marie et Marie-

Antoinette, dont les portraits ornaient la salle à manger des officiers. Il porte inscrit dans ses plis les noms des batailles de Valmy 1792, Fleurus 1794, Heilsberg 1807, Wagram 1809, Dresde 1813, l'Aisne 1917-1918, Champagne 1918 et Argonne 1918. Avec la dissolution de ce 4e régiment de cuirassiers, en 1997, c'est toute une époque de l'histoire militaire du pays qui se referme.

Le commandement d'un régiment est un sommet dans la vie d'un officier. Pour moi, il est court. C'est la dernière fois que j'aurai une vraie vie de soldat, avec le tir au canon, l'entraînement en équipage, le commandement à la radio depuis ma jeep, mon char ou mon véhicule de commandement, les nuits froides sur le terrain, le sport et le contact direct avec des hommes sous mes ordres... Tout ce que j'ai adoré en me préparant à faire la guerre qui, heureusement pour notre pays, n'est pas arrivée. Dans le commandement, la responsabilité pèse sur les épaules pour former tout le monde au mieux afin de remporter la victoire sans perdre un homme. C'est exaltant et en même temps très exigeant. Une page se tourne. Ma vie militaire sera désormais davantage orientée vers la diplomatie. Cela ne sera pas moins passionnant, mais différent.

Comment rester dans la cour des grands quand vos partenaires de jeu deviennent de plus en plus puissants ? C'est le dilemme qui fissure notre pays, dès le début des années 2000 (se reporter à la carte 7 en annexe).

À la fin de la Seconde Guerre mondiale, grâce aux efforts du général de Gaulle, la France se trouve dans le camp des vainqueurs. Elle gagne sa place parmi les cinq grandes nations qui deviennent membres du Conseil de sécurité de l'ONU. Alors qu'elle entame sa politique de décolonisation jusqu'en 1962, son poids change.

Paris se démultiplie pour conserver son statut de puissance. Ainsi, la France devient une puissance nucléaire. Elle est « dotée », comme disent les experts. Dans le même temps, elle contribue à la création de l'Europe, compte parmi ses six premiers fondateurs, lorsqu'elle signe le traité de Rome, en 1957. Jusque dans les années 1970, la France reste dans le peloton de tête des États influents et considérés sur le devant de la scène internationale, aux côtés des très grandes puissances que sont les États-Unis et l'Union soviétique, mais aussi le Royaume-Uni ou encore la Chine, du fait, à l'époque, de son poids démographique et de son immensité.

Activement, Paris prend part à la refondation du monde d'après-guerre, à l'ONU, avec la décolonisation, en étant membre fondateur de l'OTAN ou encore de l'Union européenne. Il y va de la construction d'un monde meilleur à l'évidence, mais aussi, d'un point de vue plus pragmatique, du rôle que notre pays endossera.

La France cherche par tous les moyens à rayonner dans le monde. Diplomatique, militaire, économique, culturel… et linguistique ! Ainsi, elle crée en 1970 l'Organisation internationale de la francophonie (OIF) pour jouer d'un instrument culturel très original. En Europe, il n'y a que trois langues de travail : l'anglais, l'allemand et le français. Dans les instances internationales, la langue de Rabelais occupe historiquement une place à part. Même si cela a changé – celle de Shakespeare jouant désormais les premiers rôles –, au début des années 2020 les textes négociés aux Nations unies restent le français et l'anglais, seules langues de travail officielles.

Cela s'explique principalement par des raisons historiques. Autrefois, la diplomatie se construisait en français. Jusqu'à récemment, même les diplomates britanniques passaient un examen dans notre langue. À New York, au Conseil de sécurité, il était fréquent d'entendre des diplomates dont les idiomes n'étaient pas officiellement reconnus en cette enceinte (soit le français, l'anglais, l'espagnol, le russe, le chinois et l'arabe) s'exprimer dans notre langue. Depuis le début des années 2000, ce tropisme francophone a évolué. Jusqu'à cette période, les résolutions onusiennes pouvaient être travaillées en français ou en anglais. Au fil du temps, l'impérialisme anglophone a fini par triompher. En 2023, elles sont systématiquement écrites en anglais puis traduites en français… même quand ce sont les Français qui s'attellent à leur rédaction ! Cette suprématie de l'anglais est préjudiciable, car la langue de travail qui est usitée n'autorise désormais que peu de nuances : 350 mots de « globish » simplifient malheureusement la pensée… C'est encore plus vrai lorsque dans de grandes entreprises françaises l'anglais est utilisé entre Français !

Alors que la concurrence mondiale devient féroce pour se tailler une place de puissance d'envergure, la France ne réalise pas que le temps passe. Elle a fourni un effort exceptionnel pendant les Trente Glorieuses, cette période qui s'ouvre au sortir de la guerre lorsqu'elle connaît une forte croissance économique et une augmentation considérable de son niveau de vie, jusqu'au premier choc pétrolier, en 1973. Alors, notre pays ne se voit pas décliner.

« Profitons de ce que l'on a », semblent penser les Français qui, après tant d'années d'efforts, décident de ne plus en fournir. S'ouvre une période plus agitée, avec des mouvements sociaux et estudiantins, à l'orée des années 1980.

Pendant toute une époque, la France ne voit pas qu'elle va se faire dépasser par de nombreux concurrents qui, partout, s'appliquent avec acharnement à gagner en puissance. L'Allemagne, qui a oublié ses rêves de grandeur pour se reconstruire et se consolider, en particulier après la réunification. La Chine, qui commence à se connecter au monde à l'issue de ses révolutions intérieures.

La France, elle, ne suit pas la même dynamique. Depuis cinquante ans, elle se trouve en déficit budgétaire. La période de labeur étant considérée comme terminée, une sorte de séparation survient entre les citoyens, qui aspirent à profiter d'un côté, et, de l'autre, l'État qui souhaite maintenir le pays au rang de grande puissance. Il y a une réelle césure entre cette volonté de l'État et celle de la majorité des citoyens français qui se contentent de ce qu'ils ont, sans se préoccuper outre mesure de l'avenir. Cet état d'esprit se reflète par une expression allemande, très cruelle pour la France : « Vous voyagez en première avec un billet de seconde. »

Sur le plan géopolitique, le pays a tout de même encore beaucoup d'atouts par rapport à ses compétiteurs. Et notamment son lien particulier avec ses anciennes colonies. Ce mouvement de transfert de souveraineté en Afrique explique que la décolonisation ne se passe pas comme avec le Royaume-Uni. Les Britanniques, eux, sont partis sans se retourner. La France a conservé une relation quasi fraternelle et familiale dans les 20 pays d'Afrique où elle était implantée. Fruit de cet héritage, de cette histoire, les Français sont restés sur place avec des lycées, des bases militaires et en France, une importante diaspora. Le fameux « sentiment antifrançais » très médiatisé ne doit pas faire oublier ce lien.

Outre les avantages stratégiques que cela représentera à l'avenir, ce lien a beaucoup servi à renforcer le rôle de la France au sein du Conseil de sécurité de l'ONU, du fait de l'appui quasi systématique des Africains francophones. Cette relation est restée très étroite jusqu'aux années 2010.

L'aura de notre pays est également indexée à sa participation à l'OTAN. La France est l'un des pays fondateurs de l'Organisation du traité de l'Atlantique Nord, en 1949, aux côtés de onze autres nations, parmi lesquelles les États-Unis et le Royaume-Uni. Pendant des années, la France est un pays incontournable de cette structure militaire supranationale dont elle est une base arrière. Les PC (postes de commandement) se trouvaient dans notre pays, ainsi que des dizaines de bases. Elles furent fermées ou rétrocédées à l'armée française après la décision du général de Gaulle de retirer le pays du commandement militaire intégré, en 1966. Là, la perception de nombre de pays européens et de Français est que Paris a quitté l'OTAN. La réalité est plus subtile et complexe.

Malgré ce retrait, les forces françaises constituaient la réserve de l'Alliance atlantique. Mais elle ne pouvait être activée que sur décision politique française. De plus, compte tenu de la capacité nucléaire de la France, celle-ci restait totalement autonome. La position du pays dans cette organisation est singulière.

Au moment de l'engagement de l'OTAN dans le volet aérien en ex-Yougoslavie (de 1993 à 1995), la France y contribue, mais dans la mesure où elle ne participe pas au commandement, Paris éprouve d'importantes difficultés pour être informé des décisions et manœuvres en cours, que son état-major apprend invariablement au dernier moment.

D'où la nécessité opérationnelle et stratégique de rejoindre le commandement intégré. Et ce, pour au moins deux raisons. D'abord, afin d'être directement associé à la planification, à la préparation des opérations, et de disposer d'un droit de veto. Il faut en effet toujours être en mesure de pouvoir dire non à l'OTAN, même s'il est difficile de se positionner ainsi vis-à-vis des Américains. Les autres Européens n'osent jamais s'opposer à la première puissance militaire du monde. La France, si. En étant pleinement dans l'OTAN, les Français peuvent se le permettre.

Il est un autre motif qui justifie l'intérêt de rejoindre le commandement intégré de cette organisation. Tout ce qui bénéficie à l'OTAN sur le court terme bénéficiera sur le long terme à l'Union européenne… et donc à la France. Avec la guerre de 2022 qui éclate sur le continent européen, Vladimir Poutine ressuscite cette Alliance. L'OTAN et l'Union européenne expriment alors leur vraie complémentarité.

Dans le cadre de cette organisation, Paris fait figure de bon élève et doit être capable de fournir plusieurs ressources. Une division blindée déployable en trente jours avec deux ou trois brigades, voire un PC de corps d'armée, des moyens de transmission et de logistique, c'est-à-dire 60 000 hommes, ainsi qu'une ou deux divisions étrangères. Ce faisant, la France démontre que sur le plan terrestre, elle est le second efficace des forces américaines, en attendant que la Pologne – qui est en train de s'armer – redevienne une puissance importante, sans parler de l'Allemagne, qui espère pouvoir remonter la pente d'une armée qui, pour l'instant, a tout à perfectionner. L'exercice « Orion » en 2023, regroupant 30 000 soldats, est le premier depuis des dizaines d'années à démontrer cette capacité.

En contribuant à l'OTAN et en fournissant ces forces, les Européens sont un moteur pour l'autonomie stratégique de toute l'Union européenne.

Un autre facteur clé explique le rôle important que la France continue de jouer dans le concert des nations. Elle reste aussi une grande puissance parce qu'elle est « dotée ». La loi de programmation militaire (LPM) de 2024 à 2030 tient compte de ces dépenses nucléaires. Cela n'est pas anecdotique car il s'agit de la seule puissance dotée en Europe et, au sein de l'Alliance, la seule indépendante des États-Unis compte tenu de la vassalité britannique.

Le pays est aussi une nation globale par sa présence sur toutes les mers du globe, y compris dans le Pacifique, aire géostratégique très disputée. Puissance maritime, la France compte douze territoires d'outre-mer. À l'ONU, la France est en capacité de parler du monde entier, sur tous les dossiers. Des diplomates français sont présents dans tous les groupes de travail parce que les Français se trouvent sur de nombreux continents. En Afrique, par l'intermédiaire de ses bases militaires. En Amérique du Sud (Guyane), dans le Pacifique, l'océan Indien, ainsi que les Caraïbes, les pôles et au Proche-Orient aussi bien avec la base aux Émirats arabes unis que par sa proximité avec le Liban. Ainsi, la France est mondialement présente.

Cette préoccupation est l'un des enjeux de la LPM de 2024-2030. Elle fait la part belle aux marins, plutôt qu'aux terriens, soucieuse de continuer à rayonner partout dans le monde. En effet, le « contrat » de l'armée de terre, malgré la guerre en Ukraine, ne varie pas par rapport à ce qui était prévu antérieurement. La critique peut ainsi être faite que les leçons de la guerre en Ukraine n'ont pas été tirées ! Mais la LPM part du fait que la France n'est pas l'Ukraine (ni la Pologne) et que sa défense repose d'abord sur la dissuasion nucléaire. De plus, ses intérêts ne sont pas seulement européens (il y a en effet l'outre-mer) et que dans le domaine terrestre, elle fournit les éléments demandés par l'OTAN et guère plus. Ses forces seront toutefois modernisées en prenant en compte les drones, la défense antiaérienne, le cyber, l'espace et la numérisation. Les finances publiques françaises ont des limites… Rappelons que la défense n'est pas seulement le fait des armées mais de toute une nation.

Cela implique de nombreux efforts, et la gestion de situations parfois compliquées sur le plan politique, comme en Nouvelle-Calédonie ou à Tahiti. Paris cherche ainsi à donner le maximum d'autonomie à ces territoires… tout en gardant la souveraineté pour pouvoir endosser, depuis ces terres si distantes de la métropole, son rôle de puissance mondiale. Grâce à ces îles, la France est impliquée sur la plupart des sujets stratégiques du monde. Il fut un temps où cela s'appelait les poussières d'empire…

Cette quête du maintien de sa puissance passe par une autre organisation interétatique : l'Union européenne, dont elle est l'un des moteurs les plus dynamiques.

La France, pour rester une puissance significative, a besoin de la masse critique européenne. Voilà pourquoi Paris est à l'origine et au cœur de l'Union. Il ne faut toutefois pas oublier que cette organisation compte 27 pays, avec 27 façons différentes de penser. Et en particulier ce fameux « couple » franco-allemand, cité de la sorte pour éviter que ces deux pays ne s'affrontent. Si les autres membres sont souvent moins actifs et importants par leur force d'impulsion politique, ils jouent tout de même leur rôle et y ont une place. Avec, c'est indéniable, des différences significatives entre les 12 pays d'origine et ceux qui ont rejoint l'Union européenne après les années 1990. Ces États ont des sensibilités différentes, notamment parce qu'ils ont connu l'expérience de l'occupation soviétique.

Cette union politico-économique n'en reste pas moins extrêmement compliquée à gérer, à faire fonctionner. Surprise : par temps de crise, elle a su démontrer sa capacité à accélérer des processus souvent trop longs. Pour qu'elle y parvienne, Paris a joué un rôle décisif.

La crise du Covid-19 est passée par là, en 2020, et a préparé le terrain. Elle a insufflé des réflexes aussi évidents que nouveaux : la mutualisation de commandes, de moyens de production de médicaments, de masques, et ce, alors même que la santé n'entre pas dans le champ de compétences de l'Union européenne.

L'invasion russe en Ukraine bouleverse les (mauvaises) habitudes européennes. Devant la précision et l'immédiateté de la menace à ses portes, les Européens mettent très rapidement en œuvre de nombreuses solutions concrètes et pragmatiques. Vite, les Vingt-Sept créent des outils qui n'existaient pas avant, comme cela a été exposé plus haut.

Ces avancées nécessitent un travail de fond, acharné, et la prise en compte des difficultés et réticences que peuvent manifester un certain nombre de pays. Tous les Européens ne pensent pas forcément comme la France.

Notre pays est également un moteur de l'autonomie stratégique de l'Union par l'établissement de la « boussole stratégique », ce plan d'action pour renforcer sa politique de sécurité et de défense d'ici à 2030. Elle offre une vision sur le long terme, la possibilité de tracer des lignes pour esquisser le futur.

La France a besoin de l'Europe, de cette union politico-économique avec ses 450 millions d'habitants pour être un pôle crédible et consistant aux côtés des mastodontes chinois et américains.

Si imparfaite soit-elle, cette organisation européenne est un relais de puissance pour la France. C'est ce qui crée une certaine vulnérabilité de notre pays auprès des autres. La plupart des Européens n'ont pas envie d'être une grande puissance, ils n'en ont ni l'habitude ni la culture. En conséquence, ils soupçonnent toujours les Français d'agir pour eux-mêmes, d'utiliser l'Union européenne pour servir le seul intérêt tricolore.

À l'aune de cette analyse, les Britanniques ont un statut à part. Ils sont peut-être les seuls à considérer que leur rang est différent des autres membres. C'est sans doute l'une des raisons qui explique le Brexit, en 2020, et leur départ de l'Union. À l'inverse, dans le même temps, la France cherche par tous les moyens à renforcer ce pôle européen.

Cet activisme politico-diplomatique continue d'assurer une place à part à un pays de près de 70 millions d'habitants, septième puissance mondiale en 2023 selon le Fonds monétaire international (FMI).

Une césure profonde existe pourtant dans la population française. De nombreux citoyens ne réalisent sans doute pas (ou pas assez) que cet effort européen n'est pas pour les autres... mais pour eux-mêmes. Car cet effort sert indiscutablement la France.

Notre puissance en pleine décrépitude reste pourtant un pays de cocagne. Il suffit de sonder les sentiments de nombre d'étrangers à l'égard de la France – hors manifestations du 1er Mai – pour le mesurer, par contraste.

La France a toujours été une sorte d'eldorado. Avant la Révolution, elle compte 25 millions d'habitants, le pays le plus peuplé d'Europe. Une population colossale, synonyme de richesse. Cette population n'a pas été migrante parce qu'elle y vivait bien. C'est loin d'être le cas ailleurs en Europe.

La France dispose d'avantages géographiques évidents, de terres agricoles fertiles où tout pousse grâce à un climat tempéré, et peut se permettre d'exporter… L'Allemagne, en revanche, n'a dû son salut qu'à l'introduction de la pomme de terre, au XVIIe siècle. À l'époque, les paysages français se dessinaient derrière des plaines de blé.

Malgré ses ressources enviables, le pays semble vivre en permanence dans une situation de drame. Ses habitants sont-ils devenus des enfants gâtés, qui en demandent toujours plus ? La France est-elle « ce paradis où les gens se croient en enfer » ?

Lors des Trente Glorieuses, d'importants efforts ont été fournis, grâce à l'immigration et au coût d'une main-d'œuvre moins chère. Mi-2023, le pays vise le plein-emploi, avec près de 7 % de chômage seulement, et pourtant… rien ne va.

La France continue à bénéficier des dividendes de ces Trente Glorieuses. Ses habitants ont pris l'habitude de demander… parce que l'État ne cesse de donner. La redistribution opérée par l'État place la France comme un pays où les inégalités sont pourtant les plus faibles des pays riches. Certes, l'État est fait par et pour les citoyens. Mais l'on a tendance à oublier que cela nécessite un effort collectif, et non pas une accumulation de requêtes individuelles.

Si la France continue d'être un pays où il fait bon vivre, écouté sur la scène internationale, c'est parce qu'il y a eu une réaction collective après la Seconde Guerre mondiale. Il ne faut pas l'oublier. Les cinquante ans de déficit budgétaire que l'on connaît désormais vont un jour se payer. Il est urgent de se réveiller avant que cette catastrophe ne survienne. L'industrie représente un enjeu particulier. Depuis 1980, les branches industrielles ont perdu près de la moitié de leurs effectifs, soit 2,2 millions d'emplois. La part de l'industrie dans le PIB a été divisée par deux et les fermetures d'usines se sont succédé (600 entre 2008 et 2017).

À l'occasion d'une autre époque importante dans l'histoire européenne, le congrès de Vienne, en 1815, le chancelier Metternich le disait déjà : « Quand Paris s'enrhume, l'Europe prend froid. » C'est bien l'illustration du lien entre la France et l'Europe, de son rôle moteur.

La proximité de la guerre russo-ukrainienne a également produit ses effets sur la France. La conscience de la possibilité d'une guerre globale s'est imposée. La perspective de l'épreuve de force est devenue tangible. Cela peut contribuer à une réelle prise de conscience sur la nécessité de renforcer l'Europe, de participer avec plus d'enthousiasme et d'engagement à ce bloc qui est un havre de paix et un lieu de croissance. Cela doit convaincre les Français qu'il faut tenir ferme sur cette position.

Il faut avoir en tête le fait que si l'Ukraine résiste, malgré sa vulnérabilité supposée, face à l'ogre russe, c'est parce que ses citoyens sentent qu'ils ont plus à gagner avec une Ukraine européenne qu'en basculant sous la coupe de ce moscovisme autoritaire. Ce n'est pas facile, mais il faut croire en cette capacité d'attraction de l'Europe pour entretenir cette conviction, pour rester une puissance. D'où ces lignes et ce plaidoyer pour une France plus forte dans une Europe plus forte…

III

Périls en la demeure

10.

Le péril autoritariste

« Vous reconnaîtrez pour votre chef le lieutenant-colonel Dominique Trinquand ici présent. Vous lui obéirez en tout ce qu'il vous commandera, pour le bien du service, l'observation des règlements militaires, l'exécution des lois et le succès des armes de la France. » Par cette phrase énoncée par le général devant le front des troupes au moment de ma prise de commandement, à Bitche (Moselle) le 28 juin 1996, toute la responsabilité qui m'incombe désormais est résumée.

Comment concilier l'autorité qui m'échoit désormais et la limite de celle-ci ? Cela ne peut se trouver dans la seule lecture des règlements ou des lois, mais dans l'âme même de ce qui fait le métier militaire. « Si la trompette rend un son incertain, qui se prépare à la bataille ? » questionnait saint Paul. Il est attendu du chef de l'autorité afin que le son de la trompette soit ferme. L'équilibre est donc difficile à trouver entre, d'une part, l'autorité bienveillante théorisée par le général Aubert Frère, au XXe siècle, et sa célèbre devise : « J'obéis d'amitié » et, d'autre part, l'autoritarisme qui répond à ce principe très simple : je suis le chef, on m'obéit, un point c'est tout.

Durant les trente-six ans de ma carrière militaire, jamais l'autoritarisme ne m'a semblé poindre. En revanche, le danger de l'autoritarisme a toujours été présent. En 1993, lorsque je suis parti en Yougoslavie en tant qu'assistant du général Jean Cot, celui-ci était réputé pour être doté d'un caractère ferme porté à l'autoritarisme. Homme d'action, chef intransigeant, il était aussi philosophe à ses heures, et capable de faire son autocritique. C'est pour cela qu'il me choisit pour l'assister. Moi, jeune lieutenant-colonel à l'expérience limitée, mais au caractère bien trempé ; lui, un général cinq étoiles à l'autorité reconnue.

Arrêtons-nous un instant sur cet homme avec qui j'ai passé tant de temps et qui m'a tant appris. Fantassin, Jean Cot a commandé comme lieutenant deux compagnies en Algérie, entre 1956 et 1962. Ces cinq années l'ont beaucoup marqué, et ont fait de lui un chef exigeant, soucieux d'aller dans le détail de l'application des ordres qu'il donnait, en allant vérifier chaque fois que possible la manière dont ils étaient exécutés. Un homme de terrain, incapable de rester plus de deux jours au bureau, épanoui au contact des soldats. Pour aller sur le terrain il y eut beaucoup de déplacements en hélicoptère ou en avion, suivis de déplacements en véhicule blindé avec une escorte légère et en particulier la remarquable escorte des forces spéciales françaises qui ne nous quittait pas. La Bosnie et la Croatie sont traversées en tous sens. Les unités britanniques, belges, canadiennes, ukrainiennes, russes, jordaniennes et françaises bien sûr sont régulièrement visitées. Pour son équilibre, le lieutenant Trapineau, son fidèle aide de camp, savait déclencher ces sorties en me prévenant : « Mon colonel, il faut préparer une mission, le général va exploser. »

Au long de sa carrière, il a commandé le 110e régiment d'infanterie, la 14e division de Limoges et finalement, la 1re armée. Ce parcours remarquable est sans nul doute dû à ses qualités professionnelles incontestables, mais aussi à son fort caractère qui lui permettait de s'imposer naturellement. Quand sa mission en Yougoslavie s'achève soudainement à la demande brutale de Boutros Boutros-Ghali, il décide de démissionner, considérant avoir été mal traité. Il me l'annonce lors d'un déjeuner auquel il m'a délicatement invité, au restaurant La Ferme Saint-Simon, à Paris. Sa décision est sans appel : « Je ne vais pas rester les quelques mois qui restent pour la gamelle. » L'annonce officielle est faite le lendemain. C'est un grand soldat qui m'a beaucoup marqué.

Auprès de lui, j'avais décidé de garder ma liberté d'expression et je crois qu'il l'appréciait. Cela nous valut toutefois quelques accrochages mémorables. L'exercice d'équilibrisme auquel je devais parfois me prêter entre les ordres de Paris et la loyauté à mon chef n'avait qu'une seule ligne directrice : servir mon pays du mieux possible. Une conduite dont je serai crédité avec les éloges du général Cot, dans ses Mémoires. À Noël, en 1993, il m'offre un petit tableau avec la dédicace suivante : « Au lieutenant-colonel Trinquand qui me garde du pire ». En filigrane, peut-être faut-il comprendre que l'autoritarisme n'était pas très loin…

L'autorité est la capacité de convaincre, d'emmener avec soi en suscitant l'adhésion. Mais une adhésion réfléchie. Cette autorité-là existe dans nos sociétés occidentales, pourtant elle est naturellement contestée. L'autorité implique de la conviction. Celle qui entraîne. Dans le monde militaire, elle se jauge de manière tangible. Ainsi, le commandement, c'est lorsque vous montez l'échelle dans la tranchée, que vous dites « En avant », et que sans vous retourner, vous savez que vos soldats vous suivent.

L'autoritarisme, lui, est une facilité. Il consiste à s'aligner derrière quelqu'un qui pense à votre place, sans se poser de questions. C'est le cas en Russie : l'important, celui qui compte, c'est le chef. Là-bas, lorsque les soldats sont dans le malheur ou en difficulté, ils s'adressent au président, leur chef suprême, comme s'il était un sauveur, et sans jamais le remettre en cause, lui, ce dirigeant pourtant à l'origine de leur triste sort. C'est ce ressort qui explique notamment que dans un pays tel que la Chine, en dépit de toutes les erreurs que l'histoire attribue factuellement à Mao, personne ne les lui impute jamais et ne songerait à formuler le moindre reproche à son encontre.

L'autoritarisme va de pair avec l'interdiction de faire ou de penser autrement que ce qui est décidé. L'autorité repose sur d'autres critères. Et si elle lève des oppositions, elle doit parvenir à convaincre. L'autorité est une attitude positive ; l'autoritarisme, un mouvement négatif.

L'autorité permet l'opposition, la critique, les interrogations. L'autoritarisme s'accompagne de l'abandon de toute velléité d'esprit critique envers le chef. C'est ce qui explique qu'en Russie, le terme « guerre » est proscrit pour qualifier la meurtrière campagne menée en Ukraine. La propagande officielle a recours à l'arrangeante expression d'« opération spéciale »... Et mieux vaut ne pas déroger à la règle, sous peine de sévères sanctions.

En Ukraine, l'expression de cette autorité s'observe à l'aune du processus d'adhésion de la population qui s'est rassemblée, soudée, derrière son président, au moment de l'invasion russe.

L'autoritarisme comporte par ailleurs d'autres risques qu'une soumission individuelle. En Syrie, la vague de contestation pacifique qui débute dans le sillage du Printemps arabe, en 2011, met ainsi en lumière cette volonté des Syriens de tourner la page du régime baasiste, totalement autocratique. Réprimé brutalement par un Bachar al-Assad accroché à son pouvoir, ce mouvement se transforme peu à peu en rébellion armée, puis en guerre civile. Ce pouvoir « fort » a été soutenu sans ciller par un de ses puissants homologues, la Russie. Plus de dix ans plus tard, ce conflit en Syrie est toujours en cours. C'est aussi l'une des tragédies de ces modes de gouvernance : les expressions de contestation à un régime autoritariste ne peuvent être que violentes… et ne peuvent déboucher que sur des changements de régime menés dans la douleur.

Malgré les dangers que représentent de telles manières d'exercer le pouvoir, en France la tentation de l'autoritarisme affleure parfois. Il faut être conscient de ses méfaits pour continuer à se battre pour la société dans laquelle nous vivons. Ce tropisme s'observe avec le succès des populismes, ces formations soudées autour d'une incarnation très forte. Des exemples sont connus autour de la famille Le Pen, d'Éric Zemmour ou de Jean-Luc Mélenchon, mais pas seulement. Tous ces écosystèmes politiques sont bâtis autour d'une personnalité apparaissant comme « providentielle ». Historiquement, ces « égéries » sont nombreuses : Benito Mussolini, Adolf Hitler, Joseph Staline, Mao Zedong…

Aussi personnalisée soit-elle, la Ve République ne favorise pas l'autoritarisme. En dépit de tous les maux dont le pays pense souffrir à l'orée du second quinquennat d'Emmanuel Macron, la France dispose d'un Parlement où le parti présidentiel ne bénéficie pas de la majorité absolue. L'équilibre des pouvoirs est respecté, de même que le droit de manifester. Les médias sont libres, et la justice indépendante. S'il fait bon être excessif en cette ère du buzz, il est tout à fait inexact de penser qu'il y aurait un régime autoritaire en France.

L'équilibre du pays repose toutefois sur des exigences liées à l'autorité. Du côté du chef, la capacité d'être à l'écoute, et de prendre des décisions. Du côté des citoyens, il faut de l'éducation. La démocratie n'est pas possible sans une population instruite et éclairée.

En France, la population est éduquée mais, malheureusement, elle préfère trop souvent rester silencieuse. Dans ce contexte, ce sont les minorités agissantes les plus vocales qui sont entendues et mènent le débat public. Bien souvent, au lieu de se référer à l'équilibre des pouvoirs, nombre de Français ont la tentation de considérer que le pouvoir appartient en réalité à ceux qui s'en prévalent le plus, une partie de la rue, les réseaux sociaux, et toutes les formes de bruit médiatique que connaît notre époque. C'est un danger majeur qui menace notre démocratie.

La question des chefs est essentielle, elle aussi. Pour eux (ou elles), il faut que le pouvoir ait un attrait. Or aujourd'hui, nombre d'observateurs considèrent que l'un des problèmes de la France réside dans l'incapacité à recruter du personnel de qualité pour occuper ces fonctions cruciales. Le niveau de la « classe dirigeante » se dégraderait en même temps que les conditions d'exercice du pouvoir des dirigeants. Les récentes actions violentes contre des élus, l'antagonisme viscéral à l'encontre de ceux qui, légitimement élus, prennent des décisions, renforcent le peu d'appétence pour ce type de responsabilités indispensables au bon fonctionnement de notre démocratie. Par ailleurs, il faudrait que le pouvoir produise des effets et change réellement (et immédiatement) la vie des Français. Ainsi, d'une façon ou d'une autre les citoyens seraient respectueux de ceux qui se sont consacrés à cette mission. C'est loin d'être le cas, et la tentation de tomber dans les bras d'un homme ou d'une femme providentiel(le) est de plus en plus forte d'une élection à l'autre. Un péril inquiétant pour la vitalité de notre démocratie.

11.

Le péril djihadiste

Cela devait être une journée de travail attrayante. Un exercice, « Nato Strong Resolve 2002 », avec des forces interarmées déployées en mer Baltique. J'ai été désigné pour être le directeur des opérations de cet entraînement dirigé par un commandement américain à Norfolk, en Virginie. Je rejoins cette base avec une petite équipe d'officiers français pour me retrouver au milieu d'étoiles de généraux américains. Il s'agit de la première partie de l'exercice, qui simule en temps réel une opération. L'exercice lui-même sera conduit à partir du *USS Mount Whitney*, un bateau de commandement de l'US Navy mis à disposition par l'armée américaine. Je me réjouis d'y prendre part, de retrouver cette base et son gigantisme. Avec ma petite équipe d'officiers, nous pénétrons en ces lieux au petit matin du 11 septembre 2001.

La salle de briefing se trouve en sous-sol. Il s'agit d'une de ces pièces dédiées aux crises, totalement fermée, illuminée par des éclairages qui reproduisent une lumière naturelle, pour ne pas sentir le temps passer et la fatigue nous submerger. Les officiers présents sont tous en uniforme, assis. Derrière un pupitre, l'un d'eux entame la présentation de l'exercice. Dans son dos, un écran gigantesque est éteint. L'amiral qui commande l'opération est à une table, à l'avant, je suis installé à ses côtés.

La présentation de la simulation qui doit se jouer est toujours en cours lorsqu'un officier entre et donne un petit papier à l'amiral américain. Il me le tend. Je lis ces mots, incrédule : « Il semblerait qu'un avion de tourisme ait heurté le WTC. » La présentation se poursuit pendant dix minutes. Le même officier pénètre à nouveau dans la salle et s'adresse cette fois à l'amiral en lui chuchotant à l'oreille. Ce dernier se tourne vers moi et murmure à son tour : « Dominique, continuez sans moi, il y a un problème, il faut que j'y aille. » Nous suivons sa consigne. Peu de temps après, le même officier entre une nouvelle fois, se dirige vers le pupitre, prend la place de celui qui assurait le briefing et annonce : « *Real, real, real.* » Trois mots pour indiquer qu'il ne s'agit plus de simulation, qu'il n'y a plus d'exercice ni d'entraînement. C'est l'histoire réelle qui est en train de s'écrire de la manière la plus tragique.

D'un coup, derrière le pupitre, l'écran s'allume. Apparaît un deuxième avion de ligne en train de s'encastrer dans le World Trade Center. Face à cet écran, nous sommes plusieurs dizaines d'officiers d'une trentaine de nations. Le choc est total, nous sommes sidérés. Je dis à tous les gens présents : « Exercice suspendu, regagnez vos quartiers, on vous tiendra au courant de la suite. » Chacun prend sa voiture pour s'y diriger. L'embouteillage pour accéder à la base est énorme. À l'intérieur, des « Marines » déploient des fusils-mitrailleurs pour interdire l'entrée de la base. La panique est complète. La vision de ces armes avec la bande de munitions engagée m'inquiète.

En début d'après-midi, je prends contact avec l'amiral américain. Il m'explique qu'en plus du WTC, le Pentagone, siège du quartier général de la défense, a lui aussi été attaqué. Ils sont en train de faire appareiller deux de leurs quatre porte-avions pour assurer la couverture aérienne de la région de New York.

C'est le grand flou. Nous sommes une vingtaine de Français. Paris me demande de rentrer. Nous participons à une messe pour représenter la France auprès de nos camarades meurtris et essayons d'organiser notre retour. Paris-New York... Cette liaison si simple d'ordinaire est impossible à effectuer les jours suivants. Il nous faudra huit jours avant de pouvoir partir. Le ciel américain a été bloqué. Lorsque enfin j'ai la certitude de pouvoir m'envoler vers la France, je prends l'avion à Norfolk pour rallier New York. Nous sommes une quinzaine de voyageurs. Dans la salle, avant l'embarquement, le pilote vient nous voir un par un. « Ça va aller », tente-t-il de rassurer. L'inquiétude des passagers est totale.

Avant l'atterrissage à New York, derrière les hublots, j'aperçois de la fumée. Une semaine vient pourtant de passer... Cette ville si joyeuse et cosmopolite semble un champ de ruine alors que nous survolons « Ground Zero » avant, enfin, d'atterrir à JFK, l'aéroport international de New York – John Fitzgerald Kennedy.

D'un seul coup, cette grande puissance est psychologiquement perdue. Elle ne sait plus où elle se trouve.

Comment a-t-elle pu être attaquée en son sein, au cœur des symboles de sa force militaire, le Pentagone, et économique, le WTC ?

En août 2002, je retourne à New York comme conseiller militaire de l'ambassadeur. Mon prédécesseur, le colonel Sartre, était présent au moment de l'attaque. Il me fait entrer dans son bureau et désigne l'espace vide laissé par les deux tours depuis la fenêtre. Il est encore hanté par la vision de civils courant dans les rues, couverts de gravats.

Lors de cette mission longue de deux ans, je rencontre nombre de survivants qui ont vécu aux premières loges cette sombre journée. Soit pour avoir été présents dans les tours, soit juste à côté. Ce Français qui se trouvait au 42e étage est descendu à pied, tourmenté à jamais par le regard des pompiers qui montaient et ne sont jamais redescendus. Dans les rues de la ville qui ne dort jamais règne alors une ambiance de fraternité. Comme si, après avoir vécu un tel drame, rien ne comptait plus que de s'entraider.

Cette journée fut un choc absolu. L'Occident aurait dû mieux se préparer à la montée de ce péril djihadiste qui nous a sauté à la figure. Les indices étaient pourtant là, sous nos yeux, si tant est que nous ayons voulu regarder. C'est le problème des incidents à bas bruit que l'on aurait dû voir, comme la mort de Massoud. Ce grand chef de la résistance afghane n'a cessé de tenter de prévenir les Occidentaux de la menace représentée par Oussama Ben Laden et al-Qaida. Il a été tué par l'organisation terroriste deux jours avant le 11 Septembre.

Partout dans le monde, le djihadisme a essaimé, sans qu'à ses débuts l'on prête réellement attention à ce phénomène. La faute de l'Occident consiste à ne s'être intéressé à ce mouvement qu'une fois qu'il a été en mesure de susciter des attaques d'envergure à l'extérieur des frontières où se trouvaient ses racines. Or le chaos n'est jamais aussi grand que dans la confrontation...

Si l'on observe la carte du monde, la menace se trouvait alors en dehors des frontières occidentales. Loin, très loin même. Mais bien avant la percée djihadiste au Mali, en 2013, avant même l'implantation d'un proto-État terroriste au Levant, en 2014, les germes de cette pensée radicale étaient là, en Afghanistan, en Irak. Financée un temps par les monarchies du Golfe, cette idéologie est portée institutionnellement par les Frères musulmans, organisation panislamiste qui cherche à instaurer un pouvoir islamiste dans les pays à majorité musulmane. Ils ont la volonté de changer la société pour lui faire appliquer la charia et séparer la communauté musulmane du reste des communautés nationales.

Des pays qui n'avaient jamais connu de tradition islamiste ont vu l'éclosion de madrasas sur leur territoire. Avec, en guise d'enseignement, la volonté d'instiller cette vision d'un islam radical et d'en faire un mouvement d'opposition à l'Occident. Le phénomène a pris dans les lieux où les pays de l'Ouest, membres de coalition en lutte contre des régimes autoritaires, étaient très présents : au Sahel ou au Levant.

Là, les tentatives de mise en place de pseudo-États terroristes se succèdent. Ils perçoivent les impôts et organisent les flux économiques – des trafics, en somme – à la place de gouvernements reconnus. Les populations acceptent parfois ces semblants d'États faute de mieux. La nature a horreur du vide. Souvent, ces organisations compensent une absence d'État central, ou ses lacunes. Il s'agit pour elles d'implanter un État islamiste dont la volonté est évidemment de régner sur les zones conquises, mais aussi de s'étendre.

Cette expansion de l'idéologie djihadiste a eu pour effet de charrier la présence – accrue – de militaires occidentaux dans ces régions. Au Mali (opération Serval déclenchée par la France en 2013), en Syrie et en Irak (participation de la France via l'opération Chammal, en 2014, à la coalition emmenée par les États-Unis), mais aussi au Sahel (opération Barkhane pilotée par la France à laquelle six autres pays prennent part).

Malgré ces nombreuses interventions militaires, il y a toujours des poches djihadistes au Levant. Au Sahel, les Occidentaux n'ont pas réussi à leur porter un réel coup parce que les différents États ne sont pas parvenus à prendre leur place, en particulier au Mali mais aussi au Burkina Faso. Chaque fois que des forces armées arrivaient à nettoyer les endroits où il y avait des djihadistes, l'État ne parvenant pas à administrer correctement ces zones, les terroristes revenaient, inlassablement.

L'incapacité du Mali à réimplanter la présence de l'État central dans ces zones a conduit, lentement mais sûrement, à un premier coup d'État pour renverser le gouvernement. Lui a succédé un deuxième coup d'État qui faisait, cette fois, appel à d'autres alliés : les Russes. Comme une entrée dans la confrontation globale que le président Vladimir Poutine a mise en œuvre, avec la volonté de déstabiliser les pays occidentaux au Sahel. Cela n'a aucun effet sur la lutte contre le djihadisme, au contraire, il s'étend de plus en plus, et après le Sahel, ce sont les États riverains du golfe de Guinée qui sont maintenant menacés (Bénin, Togo, Côte d'Ivoire). Petit à petit, les États disparaissent, une partie de leur souveraineté aussi, du fait de l'apathie de tant de gouvernements africains qui craignaient les coups d'État de leurs propres armées.

Au Sahel les anciennes puissances coloniales ont été renvoyées pour laisser leur place à la Russie. D'autant que dans l'imaginaire collectif des Africains, les Russes après les Soviétiques sont toujours en défense des opprimés... Cela a favorisé leur acceptation sur place, ajouté aux erreurs commises par les Occidentaux qui, pour leur part, étaient obnubilés par ce djihadisme « hors les murs ». Pourtant, en France, dès 2012, il y a eu des attaques terroristes issues de ce mouvement. Comme à Toulouse et à Montauban, où le terroriste islamiste Mohamed Merah a commis une série d'attentats, tuant sept personnes. À l'époque, tout le monde imagine qu'il s'agit d'un loup solitaire. C'est une erreur : lui et ses sinistres semblables font partie d'un mouvement dont les vitrines se trouvent au Sahel et au Levant.

Dans ces contrées, la lutte contre les mouvements djihadistes connaît pourtant une forme de succès. Au Levant, une puissante coalition dirigée par les États-Unis s'est ainsi reconstituée pour lutter contre les djihadistes de l'État islamique qui s'étaient implantés, au plus fort de leur conquête, sur un territoire grand comme la moitié de la France à cheval entre la Syrie et l'Irak, avec plusieurs dizaines de milliers de combattants étrangers. Cette opération étrangère a permis de reconquérir l'Irak et de mettre un terme à la radicalisation et à la brutalité totale de cette organisation aux velléités étatiques. Dans le même temps, au Mali, l'opération Serval a mis un terme à l'expansion de groupes djihadistes en direction de Bamako.

Si militairement, au Levant, la coalition a déployé des moyens gigantesques et est parvenue à juguler partiellement cette menace, celle-ci s'est insidieusement déployée en Europe.

Le califat a agi comme un aimant sur la jeunesse musulmane – native ou convertie – qui trouvait dans ce projet l'aboutissement de son rêve : l'établissement d'une société islamiste à laquelle tous pouvaient participer et dont chacun pouvait devenir le bâtisseur.

L'observation de mouvements victorieux sur des territoires extérieurs, au Levant et au Sahel, les a galvanisés, renforçant l'idée que cette société musulmane, « l'oumma », la communauté de croyants, pourrait conquérir le monde, dont l'Europe. Cela a produit deux effets : l'un, démographique, et, l'autre, communautariste, avec la volonté d'implanter en Occident des règles en perte de vitesse dans les pays musulmans eux-mêmes, comme les monarchies du Golfe et l'Arabie saoudite.

Cette tentative de persuasion à l'intérieur de nos sociétés occidentales fonctionne auprès d'une partie des jeunes parce que beaucoup d'entre eux ont besoin de certitudes. Or l'enseignement qui leur est dispensé dans le cadre de cette instruction djihadiste leur apporte des dogmes, des règles bien plus lisibles au regard des questionnements et des incertitudes qui existent dans nos sociétés. Un seul exemple : celui du genre. Être un homme ou une femme ne va plus de soi aujourd'hui… Alors que nos sociétés évoluent vers un questionnement permanent sur cette question, le sens de la vie, l'égalité entre les sexes, l'islam dans sa version la plus rigoriste apporte des principes clairs, des règles édictées par la charia, qu'il n'y a pas besoin de remettre en cause ou d'interroger. Le mode de vie qui est proposé offre à son tour des réponses claires face à un monde mouvant, qui ne cesse d'évoluer. Il rassure, en somme, crée un cadre qui n'existe plus, nulle part ou presque.

Désormais, deux questions s'imposent. Comment éviter le communautarisme ? Comment adapter les règles de l'islam à nos sociétés ? En France, l'État de droit s'est adapté pour lutter contre cette idéologie djihadiste. De nombreux dispositifs ont été mis en place, dont l'encadrement de la communauté religieuse avec une charte des principes pour l'islam de France validée en 2021, la possibilité de dissoudre les associations radicales et de limiter les financements suspects de pays étrangers ou encore l'envoi de prédicateurs étrangers au moment du ramadan, et la formation des imams.

Pour lutter contre le communautarisme, il est urgent de marteler ce message : les communautés doivent appliquer les règles de droit de la République, et non pas l'inverse. Un seul exemple : le ramadan.

Lors de cette fête religieuse, ceux qui le souhaitent peuvent poser des congés, et ce droit ne doit pas être remis en cause. En revanche, suggérer que les entreprises ou organismes publics s'adaptent et accordent des privilèges en cette période est une mauvaise idée, tout comme l'installation de salles de prière dans les lieux publics.

La question de l'éducation est elle aussi essentielle : l'instruction doit être faite de façon que l'on soit certain de la connaissance de toutes les religions. Dans les écoles, il est impératif de s'assurer que l'enseignement dispensé corresponde bien à l'idée que les citoyens appartiennent tous à la même communauté. Il n'y a qu'une communauté, et elle est nationale, il faut le marteler.

Dans un État qui a érigé la laïcité en principe cardinal, la tension avec la religion en général, et l'islam en particulier, est très forte. Cette religion est le monothéisme le plus prosélyte. Les musulmans sont censés conquérir, y compris par le sabre. Sans compter le phénomène d'attirance « conjoncturelle » pour la jeunesse parce que cette religion apporte tant de certitudes à une génération tourmentée par les interrogations existentielles. Dès lors, il convient de s'interroger sur la manière dont les règles de la religion des musulmans doivent s'adapter à nos sociétés. La mosquée de Paris s'attelle depuis 2021 à cette réflexion, en reprenant les textes de l'islam, expurgeant des ajouts contestables qui ont finalement très peu à voir avec ce que le prophète avait annoncé.

Si ce travail n'est pas mené, le péril est grand. Avec, à terme, le risque que la société française se fracture en différentes communautés qui vivent suivant des règles différentes les unes des autres, les unes à côté des autres. Ce danger n'est pas lié à un problème de démographie, mais à celui d'un islam non réformé, terreau d'un communautarisme peu compatible avec l'esprit de la République française.

Pour y parvenir, il y a un important effort d'intégration à faire dans de nombreux domaines. Ceux de l'instruction, de l'apprentissage du français, des règles de vie, mais aussi ceux de l'urbanisme, du logement, avec la nécessité de déconcentrer les foyers de migrants au sein de mêmes espaces et zones d'habitation.

L'instruction civique doit jouer son rôle aussi, notamment en valorisant toutes les ressources que la France offre à ses ressortissants, parmi lesquelles la chance de vivre dans un pays en paix, où toutes les religions sont acceptées, où santé et éducation sont garanties à tous par l'État, grâce à des mécanismes de solidarité et de redistribution.

Or le péril djihadiste menace cet équilibre : il cherche à fracturer notre communauté nationale, sa mixité, sa laïcité avec ses règles de classes séparées, à imposer des règles d'union (ne pas se marier avec quelqu'un d'une autre religion), c'est-à-dire qu'il cherche à enfermer dans une communauté cloisonnée menant au séparatisme, alors que la communauté française s'est ouverte, beaucoup, à l'immigration européenne d'abord, et nord-africaine ensuite. Originaire d'Italie, du Portugal, de Pologne, d'Algérie, du Maroc ou d'Ukraine, la population française est tout l'inverse du communautarisme… Sans que cela empêche quiconque d'applaudir le club de foot de Lisbonne au café.

12.

Le péril individualiste

Lorsque l'on est saint-cyrien, élève dans cette école fondée par Napoléon Bonaparte en 1802 pour former les officiers de l'armée, le service militaire n'existe pas vraiment puisqu'on s'est engagé. C'est un choix sanctionné par la réussite à un concours. On n'effectue donc pas à proprement parler de service militaire étant donné que la formation est faite en école. Toutefois la première expérience de ce service se fait au cours de la formation où l'on rejoint un régiment pour une courte période.

Juste avant le baptême de ma promotion, appelée « Lieutenant Darthenay », du nom d'un héros de la Résistance, je rejoins en juin 1975 Valdahon, dans le Doubs. Là, nous nous retrouvons face à des civils qui deviennent soldats au moment de leur incorporation. Au régiment de dragons, j'ai ainsi reçu des jeunes arrivant directement de Marseille. Ces jeunes découvrent alors tout de la chose militaire. Nous leur enseignons la discipline, et les initions à de nombreuses expériences comme dormir sous une tente ou encore marcher sous la pluie, choses que certains n'auraient jamais pu ne serait-ce qu'imaginer.

Le service militaire, qui dure alors un an, est l'occasion pour tous de se frotter à la vie en communauté, de jour comme de nuit. Ouvriers, agriculteurs, commerçants... Ils viennent de partout, issus de toutes sortes de milieux. L'occasion de faire l'apprentissage des autres, d'éprouver la mixité sociale. Les jeunes partagent de grandes chambres de douze. Ils font leur lit, passent le balai, doivent apprendre à être prêts à l'heure. Comme le disait un amiral américain, « le matin, commencer à faire son lit, c'est le début de la vie ». Après la « formation élémentaire toutes armes » (FETA) du premier mois, nous leur apprenons le métier de soldat : pilote, tireur, chargeur, grenadier voltigeur, ainsi que l'utilisation des armes.

Lors de cette première fois avec de jeunes appelés, je découvre deux catégories d'hommes. Ceux qui viennent par choix, et ceux qui viennent par obligation. Quant aux autres, les réformés, comme les « P4 » (troubles psychiques incompatibles avec le service), je ne les rencontre pas.

La plupart des Français ne voulaient pas être réformés, d'autant que nombre d'emplois administratifs étaient à l'époque conditionnés au passage par le service militaire : 90 % des jeunes l'acceptaient. Beaucoup souhaitaient même lors de leur première permission revenir en uniforme pour se montrer dans la famille. Ils y consacraient un an, même si la durée de cet engagement contraint a fluctué au fil du temps. Dix mois, dix-huit mois, et même trois ans juste avant la guerre de 1914-1918 !

Cette expérience marquait la vie des appelés. Cela n'empêchait pas de célébrer le retour à la vie civile. Les « quillards » retrouvaient alors le cours de leur vie, ensemble là aussi, heureux, dans un nouvel acte de collectivité. Ils étaient catégorisés par « classe ». La « 75-6 » est la première que j'ai encadrée. 75 comme l'année 1975 ; 6 comme le 6e mois de l'année. Les incorporations avaient lieu tous les deux mois. Les anciens utilisaient d'ailleurs ce codage pour évoquer leur classe. Au moment de quitter le service, quand la classe s'en allait, tous éprouvaient une grande joie en renouant avec la vie civile. Lui succédait souvent une forme de nostalgie.

Lors de ces douze mois, tant d'expériences les enrichissent, nous enrichissent, nous aussi, les officiers qui les encadrons.

Le service militaire m'a appris la France. Les agriculteurs normands, les ouvriers du Pas-de-Calais, l'étudiant de Nanterre. Bien des années plus tard, j'en suis encore convaincu : quand le 9-3 rencontre le 16e arrondissement, on n'a pas perdu son temps.

Dans les chambrées, toutes sortes de Français se côtoyaient. Un futur évêque de Lyon avec un maquereau marseillais et un entrepreneur. Les moins bien lotis avaient l'occasion de rattraper des enseignements essentiels. Les illettrés apprenaient à lire et à écrire. Ceux qui ne savaient pas nager suivaient des cours à la piscine. Ensemble, nous apprenions ce qu'était notre pays, en partageant les uns avec les autres.

Nous leur inculquions également d'autres savoirs, notamment civiques. Le fait qu'être français implique des droits, qu'ils connaissaient pour la plupart, mais aussi un certain nombre de devoirs. C'est vrai, tout n'était pas parfait. Beaucoup en avaient marre de balayer, de faire des corvées, parfois d'avoir l'impression de perdre leur temps quand le budget ne permettait pas de s'entraîner. Mais il y avait aussi de nombreux enseignements très utiles. Une méthode mise en place par le général Lagarde notamment, sorte de pédagogie à la Montessori, où les soldats étaient incités à préparer les opérations de guerre, et à appréhender les choses de manière globale. Ils en déduisaient les savoir-faire à apprendre. Le montage-démontage de la roue d'un blindé. L'identification du matériel ennemi. D'eux-mêmes, les soldats s'impliquaient énormément.

Nous reliions aussi beaucoup nos enseignements à l'histoire, en les emmenant sur les lieux de batailles, avec des textes. Souvent, ces mots les touchaient aux tripes. Je me souviens d'une marche de Sedan à Verdun, où tout le monde était épuisé. Arrivé à Verdun, je me suis dit que les soldats s'écrouleraient, mais pas du tout. Ils étaient demandeurs de visites. D'histoires et d'Histoire. Graves aussi, en découvrant le camp de concentration de Struthof, en Alsace. Alors vraiment, tout n'était pas parfait. Mais aujourd'hui, ces anciens appelés gardent en mémoire les temps forts, chérissent les souvenirs précieux de ces moments partagés, sans parler d'une expérience de camaraderie inédite pour eux, l'apprentissage de la France, des devoirs qui nous obligent. L'essence de la citoyenneté, en somme.

Quarante ans ont passé depuis cette première expérience à Valdahon. Dans notre pays, le service militaire n'existe plus depuis 2001. Régulièrement, dans les médias, par temps de campagne électorale, les nostalgiques du service débattent sur l'opportunité de remettre en place un format qui s'en inspirerait... La réflexion me taraude moi aussi.

En septembre 2016, je suis appelé par l'équipe d'Emmanuel Macron pour travailler aux côtés du candidat, que je ne connais pas. En militaire discipliné, je sollicite Pierre de Villiers, le chef d'état-major des armées qui est de la promotion de Saint-Cyr juste après moi. Il me dit : « Il faut que tu y ailles. Il faut des militaires dans toutes les équipes. » À l'époque, personne ne se bagarrait spécialement pour rejoindre l'équipe du fondateur d'En Marche ! Je rallie cette équipe. Je n'ai jamais travaillé aux côtés de politiques. Pendant ma carrière, j'ai été astreint à un devoir de réserve. Étant maintenant civil, j'y vais, pourtant. L'objectif : faire valoir les éléments des armées auprès du candidat, au cas où il deviendrait président...

Autour de lui, il y a de nombreux jeunes. Nous travaillons beaucoup. Des notes, des réunions, toutes les semaines, à sept, parfois huit. Le conseiller spécial à la Fondation pour la recherche stratégique, François Heisbourg. Le politologue Bruno Tertrais. Le militaire et historien Michel Goya. Le général Jean-Paul Paloméros, qui nous rejoint, une fois Alain Juppé écarté de la primaire de la droite. Le général de gendarmerie Bertrand Soubelet. Il y a aussi Hervé Grandjean, qui deviendra conseiller « Industrie » auprès de la ministre des Armées, Florence Parly.

En novembre 2016, Hervé et moi cherchons un moyen de réparer la fracture sociale française tout en luttant contre le djihadisme. La menace grave que l'on observe alors est ce terrorisme qui cherche à briser la société française. Ensemble, nous avons une idée : le « service national universel », pour réunir les jeunes Français de toutes origines géographiques pendant un mois afin qu'ils puissent se connaître et que l'on puisse leur dispenser des formations et des informations sur la façon dont ils peuvent (et doivent) servir leur pays.

Pour ébaucher le projet, nous choisissons l'âge de l'ancien service militaire, 18 ans. À l'époque, aucun candidat ne présente un dispositif pareil. La seule à esquisser une réflexion autour de ce sujet est Marine Le Pen, mais le sujet n'est pas réellement approfondi par son équipe. De notre côté, nous le chiffrons. Quel coût ? Combien de personnes ? Il ne s'agit pas d'un service militaire mais d'un service national qui s'adresse à tout le monde. Nous évacuons la question de l'apprentissage des armes. Il n'en est pas question. Nous considérons qu'il n'est pas opportun de généraliser l'enseignement de leur maniement.

Notre idée est présentée au candidat en décembre, entre Noël et le jour de l'An. D'emblée, il est convaincu. Puis l'idée originelle s'est un peu transformée lors de la présentation officielle du programme, sa formulation a été modifiée. L'omniprésent Cédric Lewandowski, ancien directeur de cabinet de Jean-Yves Le Drian à la Défense, a repris la main… et Emmanuel Macron s'est alors mis à parler de « service militaire ».

Une fois le président élu, personne n'est favorable à un service militaire. Il faut dessiner les contours de ce futur service civique. Le nouveau chef de l'État nomme alors le général Daniel Ménaouine pour s'en occuper. Le jour de sa nomination, je lui donne mes archives. Nous n'avons plus eu de contacts par la suite. Lui a considéré qu'il était plus intelligent de basculer ce service à l'âge de 16 ans, et de transformer le mois de « cohésion » initialement proposé en quinze jours de cohésion puis quinze jours d'activités diverses.

En 2019, Gabriel Attal, jeune secrétaire d'État à la Jeunesse, prend le dossier en charge. Je le rencontre, pour échanger autour du dispositif. Plus tard, je verrai celle qui lui succédera, Sarah El Haïry. Ils sont intéressés, le sujet est porteur. Le « SNU » évolue avec eux. En 2023, le dispositif concerne les adolescents de 16 ans. Les lycéens doivent se porter volontaires, bien que le président continue à affirmer qu'un jour, ce service sera obligatoire. Pour qu'il rentre dans le calendrier scolaire, il doit associer le corps professoral mais les syndicats du secteur sont vent debout. Le projet se heurte à de nombreuses oppositions. La confusion est totale entre l'accusation de « militarisation » de la jeunesse et la volonté de montrer à cette jeunesse ses devoirs.

La question de son financement achoppe sur de nombreuses oppositions. Quel ministère se verrait amputé d'une part de son budget pour le prendre en charge ? Seul le général chef d'état-major de l'armée de terre serait prêt à faire l'effort, considérant le dispositif utile pour son recrutement. Mais si le SNU se poursuit sur la base du volontariat, sa substance en sera vidée. Les principaux participants sont des enfants de militaires ou de policiers... Il faut trouver une formule obligatoire dans laquelle tous les jeunes, tôt, se retrouveraient, apprendraient un certain nombre de bases (comme le secourisme ou la conduite) mais aussi à vivre ensemble, et, surtout, être orientés là où ils pourraient servir leur pays. Avec une première partie consacrée à la vie en communauté, et une seconde lors de laquelle le jeune citoyen se mettrait au service de la collectivité. Ce passage de l'individualisme à la communauté est essentiel.

Cette idée ne rencontre pas que des opposants. Au contraire, selon un sondage Ifop publié par le *Journal du dimanche*, 75 % des Français sont favorables à ce SNU obligatoire ! Les modalités restent à bâtir. Mais les Français le veulent, et le pays en a besoin. Il est urgent de trouver une formule.

L'individualisme est l'un des maux qui rongent nos sociétés occidentales. La France n'est pas à l'abri, loin s'en faut. Il s'est insinué dans nos schémas de pensée, et la tendance se renforce malheureusement au fil du temps.

La génération appelée X concerne les personnes nées entre 1977 et 1983. Des adultes, aujourd'hui âgés d'une quarantaine d'années, qui ont connu des changements majeurs sur le plan géostratégique : la chute du mur de Berlin en 1989, le 11 septembre 2001 et le début de la numérisation. Cette génération est passée de la suite des Trente Glorieuses à la fin de la guerre froide, et au début de l'ouverture du monde. Le géant chinois fait son entrée dans l'OMC (l'Organisation mondiale du commerce) et la révolution numérique transforme la perception de la distance. Le monde semble être devenu un grand village. C'est l'époque de la mondialisation heureuse, de la croissance, celle où l'écologie n'est pas encore devenue un problème dont les États sont conscients. La génération Y, née entre le début des années 1980 et le milieu des années 1990, est la première à grandir avec Internet. Ses adultes ont subi tous les bouleversements, et cherchent à transformer leurs effets, qu'il s'agisse du dérèglement climatique ou de la mondialisation. La génération Z qui lui succède est déjà habituée à l'idée de ces changements, la fin de la mondialisation et l'adaptation de ses habitudes aux contraintes écologiques.

Mais on ne bascule pas d'une génération à une autre sans travail de réflexion et d'adaptation. Certains n'ont d'ailleurs pas bougé d'un iota, et sont restés figés dans le temps. La génération Y, elle, a bénéficié de révolutions importantes mais a commencé à percevoir d'autres phénomènes comme le djihadisme, imaginant régler le problème. Elle l'a fait ponctuellement, sur le terrain, à l'extérieur de nos frontières, en oubliant au passage de traiter les causes qui favorisent ce péril à l'intérieur de nos sociétés.

La génération Z, malgré l'impression d'ouverture au monde qu'elle dégage, du fait de l'illusion de raccourcissement des distances liée à la pénétration d'Internet dans les foyers, s'est pourtant beaucoup refermée sur elle-même. Elle brille par son individualisme. Les réseaux sociaux devaient être une ouverture sur le monde, favoriser la communication entre habitants de toutes les parties de la planète... C'est tout l'inverse. En réalité, ces plateformes, Twitter, Instagram, Tik Tok notamment, ne permettent à leurs utilisateurs que de se connecter avec ceux qui leur sont semblables. Ils produisent de l'enfermement et de l'individualisme.

Un temps, à leurs débuts, les réseaux sociaux ont suivi le mode de fonctionnement du « téléphone arabe ». Grâce à ces moyens de communication, les informations étaient diffusées rapidement. Ainsi, Facebook et Twitter ont joué un rôle fondamental dans le mouvement de révolte qui a touché la Tunisie, avant l'Égypte, la Libye et la Syrie, autant de pays où la censure empêchait la diffusion libre d'information. Ces plateformes ont fait office de caisse de résonance, des messages ont pu être relayés, à l'intérieur comme à l'extérieur de leurs frontières. Mais, *in fine*, les habitants de ces pays se sont retrouvés en chair et en os dans la rue pour manifester.

Désormais, les réseaux sociaux consacrent le formatage de la pensée. Les algorithmes et l'intelligence artificielle ne sont pas utilisés pour ouvrir à la réflexion mais pour répliquer des habitudes, des préférences, enfermant les utilisateurs dans des écosystèmes fermés. C'est le paradoxe tragique de ces outils de la modernité : alors qu'ils ont la possibilité d'ouvrir leurs utilisateurs au monde, ils les enferment dans leurs schémas de pensée, les verrouillent sur leur écran de téléphone portable. Au point de réduire les interactions humaines dans l'espace public. Un voyage dans le métro parisien suffit à s'en convaincre. Plus personne ne prend la peine de se regarder ou de se parler. Chacun est absorbé dans son écran, obnubilé par les phrases ou images de ses semblables.

La pandémie qui a touché le monde au crépuscule de l'année 2019 a accentué ces effets. Le Covid-19 a isolé les gens, du fait des confinements décrétés dans la plupart des pays du monde. Ce virus les a habitués à ne s'occuper que de leurs besoins individuels, et a imposé aux États d'édicter la réduction drastique des interactions entre les uns et les autres, sur une période suffisamment longue pour infléchir durablement les habitudes. Cette chute des rapports humains a eu un impact terrible pour les jeunes qui ne sont plus allés en cours, et ont perdu l'habitude d'échanger « dans la vraie vie » avec leurs pairs, eux qui sont désormais plus rompus aux interactions avec autrui dans un espace virtuel. La pandémie a également affecté les relations humaines alors que le télétravail s'est généralisé, y compris à l'issue de la crise du Covid-19. En résumé, ce virus a durablement affecté l'expérience de la collectivité de toute une génération. Les effets sur le long terme sont impressionnants. Pour preuve, le taux d'absentéisme au travail a progressé de plus de 50 % chez les moins de 30 ans entre 2019 et 2022.

Or l'homme est un animal social. La particularité de notre espèce réside dans sa capacité à ne pas se limiter dans ses échanges à son seul groupe social. L'être humain peut se connecter avec le monde entier. Aucun animal n'y parvient, et c'est cette diversité des interactions qui enrichit notre espèce. La numérisation était censée décupler cette aptitude, contribuer à un enrichissement inédit, du fait de la possibilité de connexions infinies à d'autres êtres humains. Drame de cet outil : au lieu de nous connecter au monde, les algorithmes nous amènent automatiquement à entrer en contact avec des groupes de plus en plus restreints, ceux qui nous sont de plus en plus semblables.

Aujourd'hui, il est impératif de contrer cette tendance. L'éducation doit reprendre le dessus. Or elle se fait dans la sociabilité, d'abord, au sein des familles. Et ensuite, à l'école. Les deux écosystèmes sont extrêmement importants. Cela implique qu'ils ne doivent pas être en opposition. C'est-à-dire que l'on ne doit pas apprendre à l'école des choses que l'on peut faire chez soi, et vice versa. Or on a beaucoup de mal à distinguer les deux, à définir le rôle de chacun. L'idée que le professeur est là pour fournir de l'instruction, mais que c'est à la famille de se charger de l'éducation est essentielle.

Autre dommage provoqué par ces réseaux sociaux : une réalité parallèle, virtuelle, semble être désormais le lieu privilégié de l'épanouissement de nombreux jeunes. Le métavers propose de flotter dans un autre monde. De ce tropisme pour ce monde abstrait découlent nombre de conséquences, comme, en France, la dévalorisation des métiers manuels. Car dans le monde fantasmé d'Instagram, tout va de soi, il n'y a pas de contingences matérielles. Résultat : malgré les efforts faits pour favoriser l'apprentissage, pour recruter dans ces secteurs méprisés par les jeunes, l'État est contraint de faire appel à l'immigration. Car l'État est l'instance suprême chargée de régler tous les maux des individus qu'il gouverne. L'État paie tout, tout le temps. Si quelque chose ne va pas, cette entité magique prend en charge, règle, répare, arrange. Ce faisant, il contribue à entretenir un système où l'État se met au service d'une somme d'individus… et dont les individus oublient que si cette entité peut le faire, c'est parce que des individus produisent un effort pour la collectivité. Or l'État n'est pas abstrait : l'État, c'est nous.

Il faut identifier ces failles, ces excès, pour transformer, changer, et revenir à l'idée que nous sommes des animaux sociaux. Et donc que toutes nos actions doivent avoir pour objectif d'améliorer le collectif. À cet égard, certains phénomènes peuvent être très encourageants. La prise en compte écologique, c'est très bien. Mais il ne faut pas que cela devienne une mode, et décliner, dans le réel, les conclusions qui s'imposent. Donner sa juste part au nucléaire notamment, et assumer que c'est là le meilleur moyen d'enrayer le réchauffement climatique si l'on souhaite continuer à disposer d'électricité.

L'Ukraine offre un exemple saisissant de la force des individus au service de la collectivité, et de leur extraordinaire résilience. Sur le papier, face au géant russe, le pays aurait dû succomber rapidement. Mais en matière de guerre, tout n'est jamais écrit à l'avance, et la détermination ukrainienne ainsi que la volonté de résistance de la population ont permis au pays de tenir tête à la Russie, malgré sa supériorité apparente.

D'une certaine façon, les Ukrainiens ont été préparés à la fois psychologiquement et politiquement à se retrouver soudés derrière leur président. La genèse de la candidature de Volodymyr Zelensky y a contribué. À l'origine, il est un comique, producteur et acteur. Dès 2015, cet homme du spectacle endosse le rôle du personnage principal de *Serviteur du peuple*, une série humoristique dans laquelle il incarne un professeur de lycée propulsé à l'insu de son plein gré candidat à la présidence de l'Ukraine. Dans la fiction, il emporte l'élection. Dans la réalité, ce rôle offre à Volodymyr Zelensky une popularité très forte.

Sa cote est telle dans le pays que l'acteur se prend à rêver. Il n'a aucune expérience politique, et pourtant il lance un parti qui emprunte le nom de « sa » série, puis il se présente à la présidentielle de 2019. Sa campagne est déroutante, atypique. Comme dans la fiction, le candidat prend pour cible la corruption des élites. Il multiplie les clins d'œil à *Serviteur du peuple*. Ce jeu de miroir troublant entre fiction et réalité se transforme en succès politique : Volodymyr Zelensky est élu avec un score flamboyant : 73,2 % au second tour. À 41 ans, il devient le plus jeune président de l'histoire de son pays.

Le personnage principal de la vie politique ukrainienne devient un emblème. Dès son accession au pouvoir, il détonne par son esprit de résistance et sa capacité à exalter l'identité nationale. Car depuis 2014, l'Ukraine est en guerre contre la Russie, qui a annexé la Crimée et lorgne l'est du pays.

Contrairement au discours officiel russe, la nation ukrainienne existe depuis longtemps. Déjà entre 1917 et 1921 une guerre d'indépendance ne prend fin que par la victoire des bolcheviks qui écrasent toute velléité d'indépendance et continuent leur pression lors du fameux « holodomor » dans les années 1932-1933 visant à réduire la paysannerie ukrainienne.

Avec la première entrée en guerre, en 2014, les Ukrainiens redoutent ce système totalitaire hérité du communisme qui place l'État au-dessus de tout. Les Ukrainiens, eux, plus volontiers tournés vers l'Occident, valorisent l'individu se réalisant dans l'État. Confrontés à la menace existentielle imposée par l'ogre russe, les individus ukrainiens se sont mis au service de l'État pour le défendre. Le président Zelensky a décidé de résister, de rester dans son pays malgré les offres de fuite dorée proposées par les Américains, et l'ensemble de la population ukrainienne a décidé, comme lui, de faire front, et de se battre.

En France, les individus ne se rendent sans doute pas suffisamment compte de la menace existentielle qui pourrait peser sur eux. Est-ce parce qu'il n'y a plus réellement de conscience collective ? Tout service militaire est un creuset de la nation où les individus apprennent à se mettre au service de leur pays. La confrontation à la crise et au danger devrait renforcer ce ressort.

Ainsi, la population ukrainienne a appris à tenir tête. Sa force de résistance est frappante. Cela se manifeste de mille manières. En Ukraine, la vie continue. Les habitants se démultiplient pour que la guerre ne dévore pas tout leur quotidien. Les entreprises continuent à produire, les chemins de fer à fonctionner, l'électricité à être produite. C'est « l'arrière » qui démontre une éclatante vigueur. Ces Ukrainiens – loin du front — qui fournissent tous les efforts pour que la vie soit la plus normale possible, malgré cette guerre meurtrière. Une population concentrée sur la nécessité de riposter à l'agression russe, et déterminée à retrouver l'intégralité de ses frontières.

Épilogue

Avant de conclure cette modeste analyse du monde qui nous attend, permettez-moi de revenir à des remarques plus littéraires. Pour cela, il faut se replonger dans le remarquable ouvrage de Stefan Zweig, *Le Monde d'hier. Souvenirs d'un Européen*, son livre-testament, hymne à la culture européenne, dont le manuscrit fut confié à son éditeur la veille de son suicide, en février 1942. Le parallèle avec l'époque où nous vivons ne peut nous échapper. Toutefois, l'espérance chère à Georges Bernanos doit nous guider vers d'autres conclusions que celles qui ont conduit à la fin tragique de l'écrivain autrichien.

Oui, nous vivons en Europe la fin d'une époque durant laquelle une croissance économique sans limites croyait faire plier la nature. Dans cette même période, la guerre a été rejetée à l'extérieur du continent après les horreurs qu'il a connues. La démocratie a définitivement rendu la dictature impossible pour toute cette communauté, y compris ceux qui l'avaient rejointe après la longue occupation communiste. La croissance, la paix et la démocratie ne faisaient plus qu'un sur un Vieux Continent à l'histoire marquée par les batailles et les dictatures. Il a même exporté en Amérique cette certitude que le monde vivrait mieux s'il se comportait à l'image de nos sociétés, et cette Amérique est venue par deux fois au secours du continent en perdition, créant une Alliance qui aujourd'hui encore est appelée au secours de l'Ukraine.

Ce monde qui nous attend est en proie à nombre d'incertitudes. Notre mode de vie nous conduit-il vers la détérioration irréversible de notre planète ? La démocratie est-elle capable de tenir tête à un régime totalitaire qui la menace ? La paix durement acquise nous fait-elle oublier qu'il s'agit d'un combat qui nécessite de la force, en particulier de la force d'âme ? La confrontation entre l'Amérique et la Chine laissera-t-elle une place à l'Europe ?

La France a traversé beaucoup d'épreuves au cours de sa longue histoire. Pourtant, elle dispose de nombreux atouts sur lesquels elle doit construire pour faire face aux menaces qui la mettent en péril. En paix depuis soixante ans, son évolution a été remarquable. Elle doit désormais se repenser, se réinventer, prendre la voie d'un développement plus durable. La géographie du pays est si favorable : ses façades maritimes, à l'ouest du continent européen, ses territoires ultramarins, ses montagnes et ses plaines. Sans parler des décisions courageuses sur l'énergie nucléaire qui lui donnent un avantage certain vers la nécessaire transformation énergétique. Sur le plan militaire, l'armée française, pardon du peu, est la première d'Europe. Mais pour se défendre, la patrie a besoin du soutien national. Souvent critiques, les Français doivent croire en ces atouts. « Heureux comme Dieu en France », louait un proverbe allemand. C'est aux Français de le démontrer…

« Qui n'a pas vu la route, à l'aube, entre deux rangées d'arbres, toute fraîche, toute vivante, ne sait pas ce que c'est que l'Espérance. L'Espérance est une détermination héroïque de l'âme et sa plus haute forme est le désespoir surmonté », écrivait Bernanos, à la fin de la Seconde Guerre mondiale alors que trois ans plus tôt, il n'avait pas réussi à faire partager cette perspective, cet espoir, à Stefan Zweig. Alors, comme lui, ne désespérons pas. Prenons fermement les mesures qui nous permettront de vivre dans un monde où notre confort n'attaquera pas la nature, où la démocratie ne conduira pas à la faiblesse et où la paix régnera car nous aurons su la défendre. Cinq siècles avant notre ère, le stratège athénien Thucydide édictait déjà ce principe : « Il faut choisir, se reposer ou être libre. » Aujourd'hui, reprenons la belle devise d'un cavalier, « En avant, calme et droit », et mettons-nous au travail pour construire le monde de demain !

Annexe – Cartes

1.

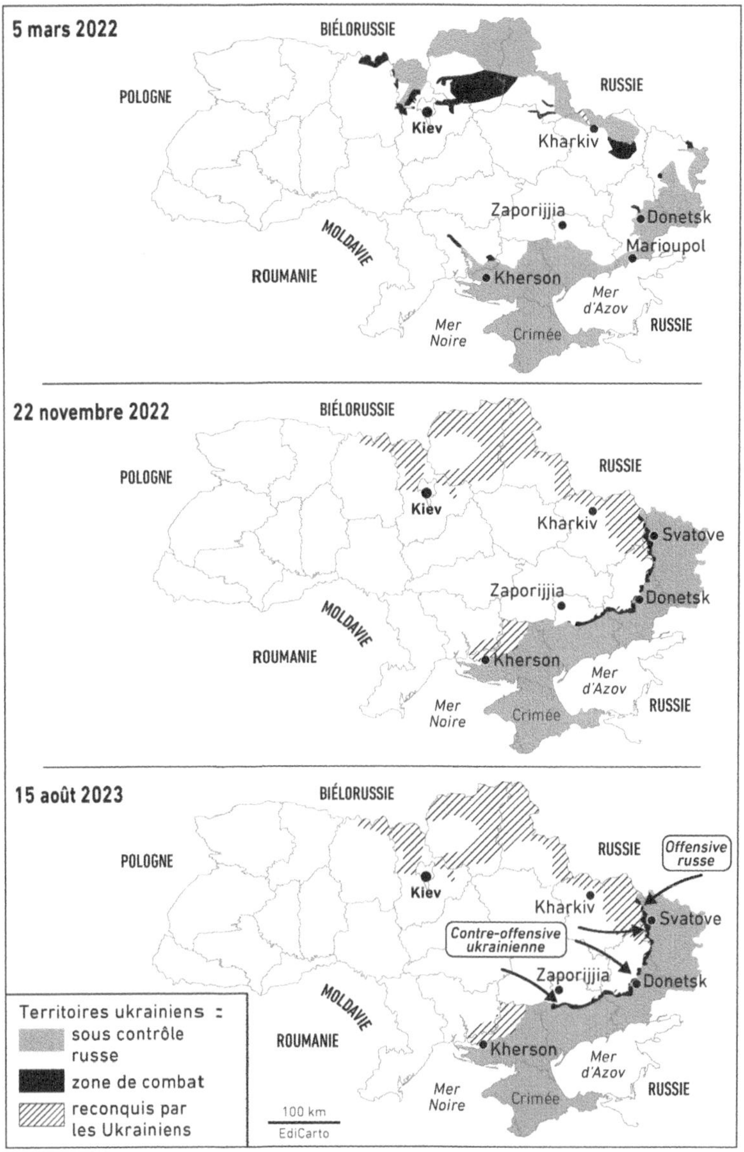

La guerre en Ukraine

2.

Vote à la Chambre par État

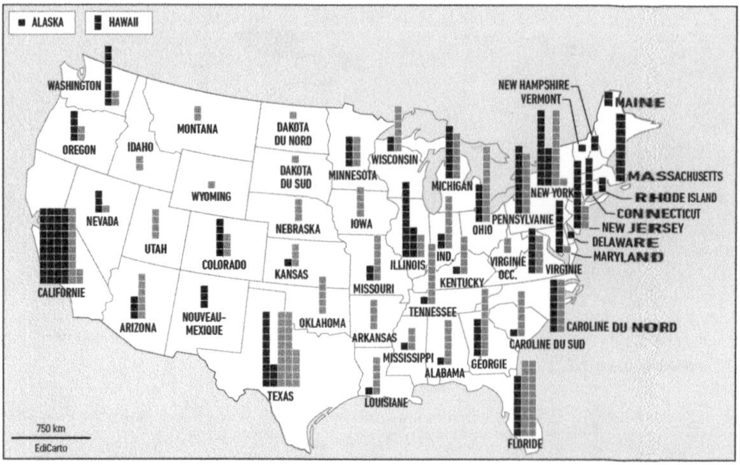

Démocrates 213 | Républicains 222

Majorité absolue

Vote au Sénat par État

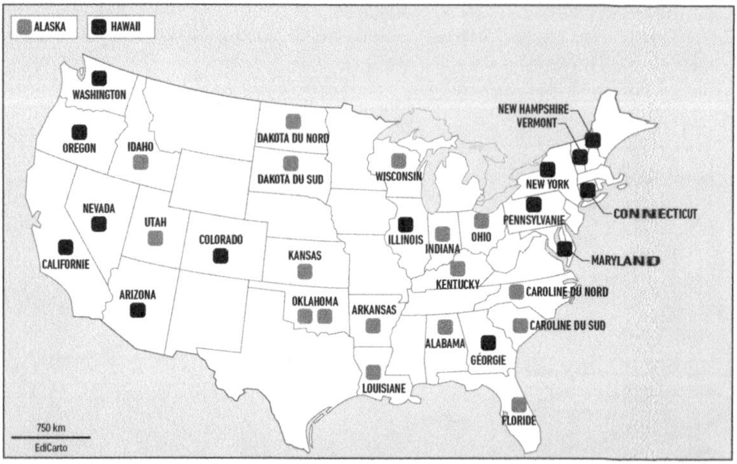

Démocrates 51 | Républicains 49

Majorité absolue

Élections de mi-mandat aux États-Unis, 2022

3.

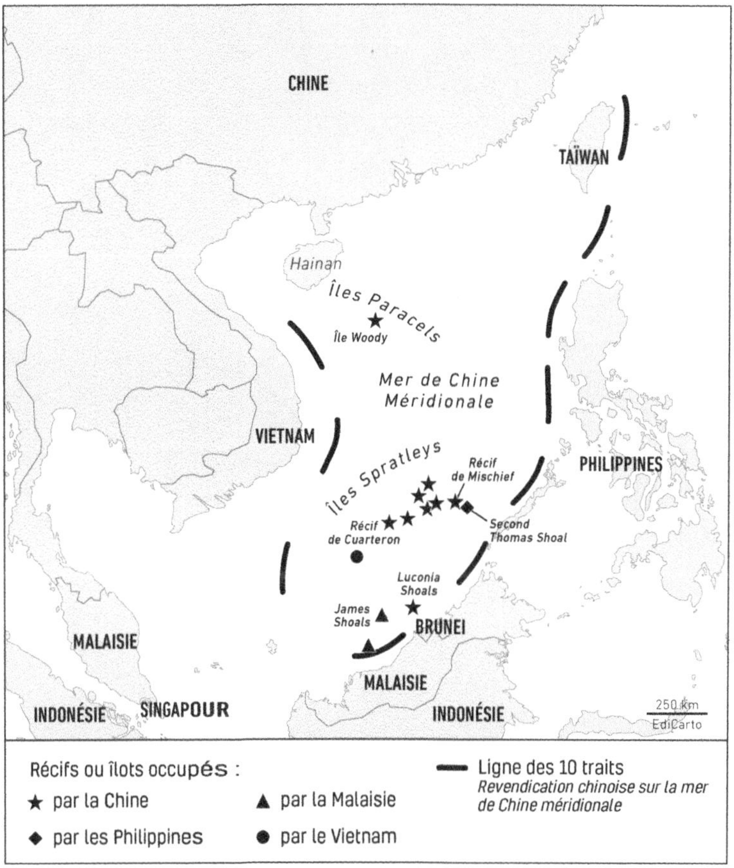

Les tensions en mer de Chine méridionale

4.

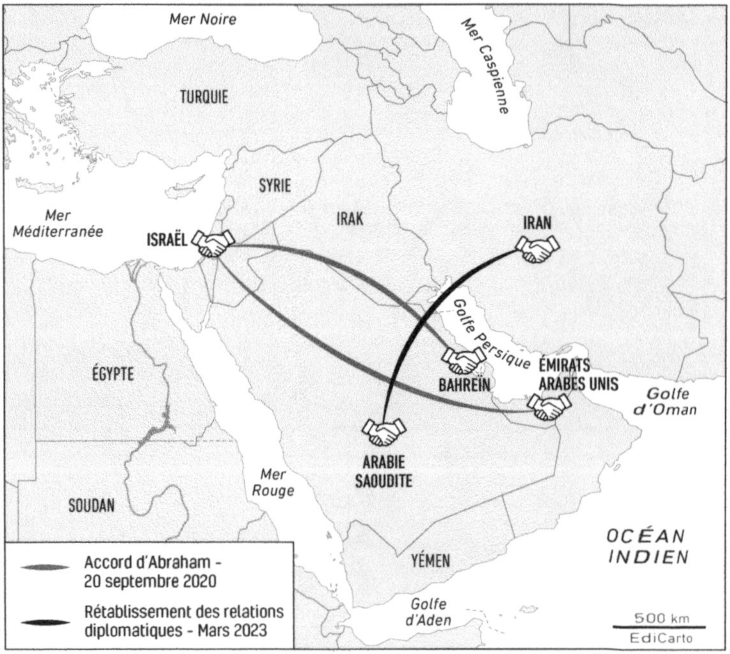

Le Moyen-Orient

5.

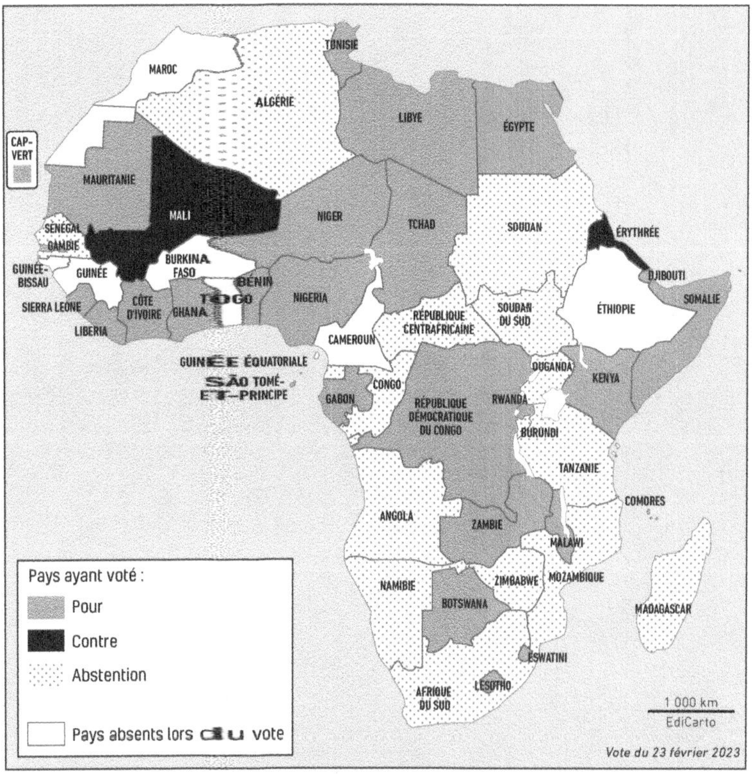

Vote des pays africains à l'assemblée générale des Nations unies

à la résolution qui « exige que la Russie cesse immédiatement de recourir à la force contre l'Ukraine »

6.

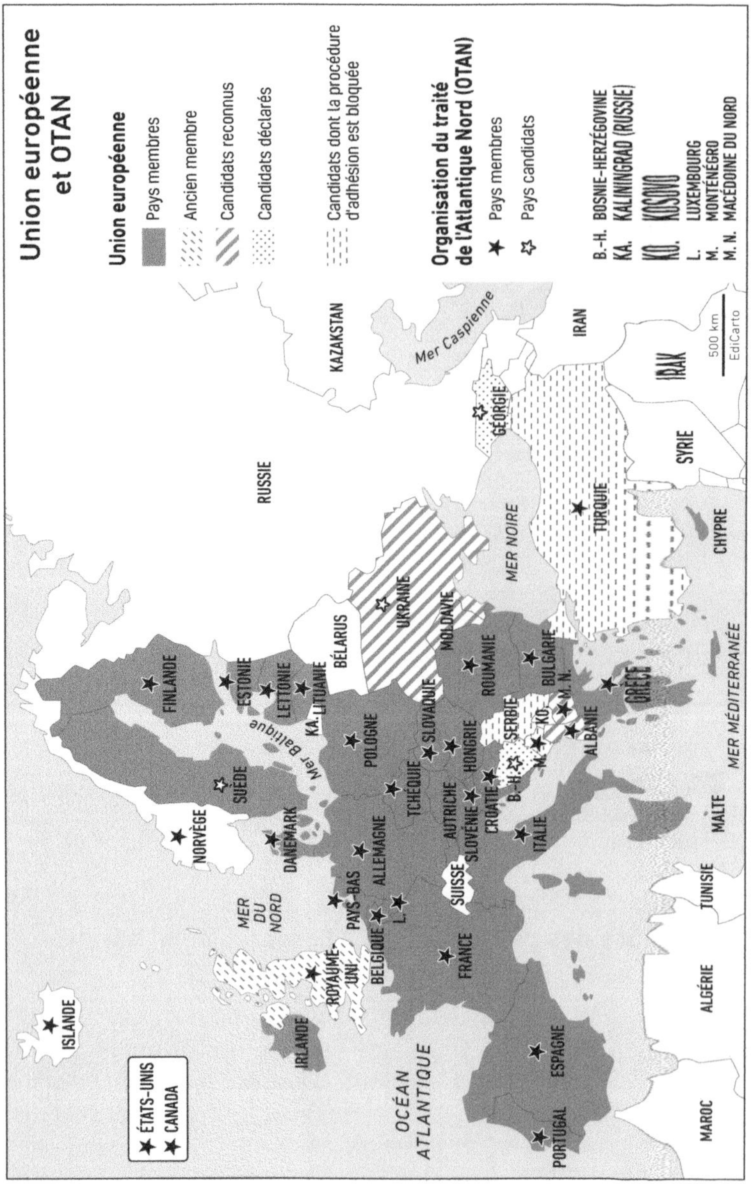

Union européenne et OTAN
Union européenne
Pays membres
Ancien membre
Candidats reconnus
Candidats déclarés
Candidats dont la procédure d'adhésion est bloquée
Organisation du traité de l'Atlantique Nord (OTAN)
Pays membres
Pays candidats
B.-H. BOSNIE-HERZÉGOVINE
KA. KALININGRAD (RUSSIE)
KO. KOSOVO
L. LUXEMBOURG
M. MONTÉNÉGRO
M. N. MACÉDOINE DU NORD
ÉTATS-UNIS
CANADA
ISLANDE
IRLANDE
ROYAUME-UNI
NORVÈGE
SUÈDE
FINLANDE
ESTONIE
LETTONIE
LITUANIE
KA.
DANEMARK
PAYS-BAS
BELGIQUE
L.
ALLEMAGNE
POLOGNE
BÉLARUS
UKRAINE
MOLDAVIE
TCHÉQUIE
SLOVAQUIE
AUTRICHE
HONGRIE
ROUMANIE
SLOVÉNIE
CROATIE
B.-H.
SERBIE
M.
KO.
M. N.
BULGARIE
ALBANIE
GRÈCE
SUISSE
FRANCE
ITALIE
ESPAGNE
PORTUGAL
MALTE
CHYPRE
TURQUIE
GÉORGIE
RUSSIE
KAZAKSTAN
IRAN
IRAK
SYRIE
MAROC
ALGÉRIE
TUNISIE
OCÉAN ATLANTIQUE
MER DU NORD
Mer Baltique
MER NOIRE
Mer Caspienne
MER MÉDITERRANÉE
500 km
EdiCarto

7.

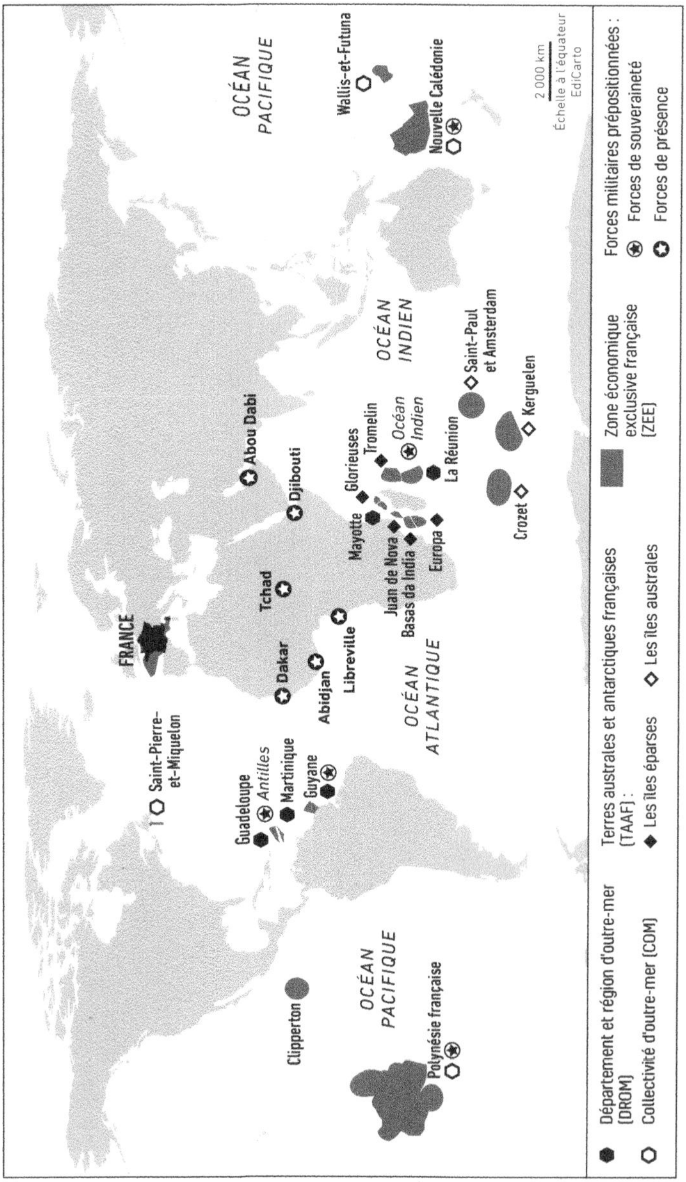

La présence française dans le monde

Table des matières

III
Périls en la demeure

Composition et mise en pages
par Facompo Lisieux

#lisez! engagé
www.lisez.com
Pour plus d'information :
Imprimé sur du papier issu de forêts gérées durablement.

Achevé d'imprimer en octobre 2023
par la société TIRAGE - 91941 Courtabœuf

N° d'édition : 66828/03

Imprimé en France